멋진 인생
Wonderful Life!
멋진 말
Wonderful Words!

| 임판석 지음 |

쿰란출판사

당신의 멋진 인생을 위해

평생 동반자가 되어 줄 소중한 책입니다.

존경과 감사를 담아 드립니다.

_____ 님께

_____ 드림

추천사

인생을 살면서 바뀌지 않는 인간의 모습을 많이 발견하게 됩니다. 나이가 들면 들수록 더 그렇습니다. 사람의 모습 속에서 그 사람의 진짜 모습을 보려면, 그 사람의 말을 들어보면 알 수 있습니다.

금번에 출간되는 임판석 목사님의 저서 《멋진 인생! 멋진 말!》(Wonderful Life! Wonderful Words!)은 인생으로 태어난 모든 사람이 읽어야 할 필독서입니다. 하나님의 형상으로 지음 받은 인간이 실낙원 된 것은 말의 문제 때문입니다.

타락한 인간의 내면에서 출발하는 말은 불완전하고, 상처를 주고, 실수를 합니다. 말을 하고 살아야 하는 우리들은 이 책을 통해서 말의 중요성을 깨닫게 되고, 이 책은 말을 고칠 수 있는 인생 최고의 파트너 같은 훈련교관이 될 것입니다.

이 책을 읽으면서 전 교인 필독서로 추천해야겠다는 마음이 확 들어왔습니다. 설교 때마다 이 책에서 좋은 말씀들을 인용하여 성도들에게 들려주고, 불신자나 교인들에게도 문자나 카톡으로 좋은 글들을 보내기로 했습니다.

대중미디어와 사탄의 문화 속에서 그리스도인들조차 중독되어 있는 이 시대에 깊은 산속 청정기와 같은 산소가 될 것이라고 생각합니다. 모든 교회와 목회자들과 이 세상에 태어나서 호흡하는 모든 분들에게 강력히 추천해 드립니다.

2020년 9월
예심선교회대표 김기남 목사

추천사

《모든 관계는 말투에서 시작된다》(김범준)
《말투 하나 바꿨을 뿐인데…》(나이토 요시히토)
《인생은 말한 대로 된다》(사토 도미오)
《말버릇 하나로 인생이 180도 바뀐다》(사토 도미오)
《당신이 말한 대로 얻게 됩니다!》(돈 고셋)
《혀의 창조적 능력을 사용하라》(찰스 캡스)
《당신의 말이 산을 옮긴다》(E.W. 케니언, 돈 고셋)

이상의 책은 제가 평소에 즐겨 읽는 책입니다. 좀 오래전에 책을 많이 읽고 싶은 욕심으로 3년 동안 열심히 독서를 해보았습니다. 독서의 결론은 두 가지였습니다. 아주 단순합니다.

"사람은 마음에 생각한 대로 된다. 입술로 말한 대로 된다."

"죽고 사는 것이 혀의 권세에 달렸나니 혀를 쓰기 좋아하는 자는 그 열매를 먹으리라"(잠 18:21).

"너희 말이 내 귀에 들린 대로 내가 너희에게 행하리니"(민 14:28).

가나안 땅 입성 직전 열두 정탐꾼 중 열 명의 보고를 듣고 대성통곡하며 "여기서 죽었으면 좋겠다"고 야단법석을 떨었던 그들의 말과 소원을 하나님께서 다 들어주셨습니다. 그들은 단 한 사람도 그렇게 그리던 가나안 땅에 들어가지 못하고 광야에서 엎어져 죽었습니다. 참으로 옷깃을 여미게 하는 무서운 말씀입니다.

임판석 목사님! 제가 좋아하는 감성이 풍성한 시인입니다. 임 목사님이 저작한 《시로 듣고 시로 읽는 성경》을 처음부터 감명 깊게 들으며 은혜를 받았습니다.

오래전부터 저자는 말의 중요성과 그 말이 인생에 미치는 그 위력을 일찌감치 절감하고 이 책을 저술하였습니다. 이 책은 실제 생활에 쉽고도 유용하고 지혜로운 글들로 꽉 채워져 있습니다. 아주 단순해서 맘만 먹으면 실제 생활에 적용하여 인생을 바꿀 수 있는 주옥같은 내용입니다. 저자와 저의 사이에는 너무나도 유명한 실제적인 실화가 있습니다.

제가 운영하는 '힐링센터'(33년 730기까지 73,000여 명이 체험)에서 가정

사역과 전인치유 사역을 하면서 실제로 개인, 부부, 가정이 바뀌는 것을 7가지로 만들어 적용하는데, 그것이 바로 명령과 선포 카드입니다.

그중 두 번째 명령과 선포 내용이 **"나는 오늘부터 다른 사람을 비난, 원망하거나 비판, 판단, 정죄하지 않겠습니다"**인데, 두 손 들고 크게 믿음으로 선포한 후 귀가해서 거울에 붙여 놓고 아침, 저녁으로 믿음으로 크게 선포하자고 강권합니다. 그리고 그렇게 하겠다고 주님께 약속까지 드리게 합니다.

저자 임판석 목사님도 이 선포를 지키겠다고 주님께 약속드리고 (실은 그전부터 개인적으로 말을 조절하는 훈련을 했다고 함) 난 후 자신도 모르게 비난, 비판, 판단하는 말이 입술에서 튀어나오면, '아차! 또 못된 그 버릇이 나왔구나' 하면서 주먹으로 자기 입술을 쳤다고 합니다. 입술에서 피가 날 정도로….

식사시간에 입술이 쓰리고 아파서 겨우 식사를 했다고 여러 사람들 앞에서 간증했습니다. 이런 굳은 의지와 실천 적용만 한다면 그 어떤 큰일도 해낼 수 있다고 봅니다.

가끔 전화 통화할 때마다 "지금도 거친 말을 하지 않는 훈련을 하고 계십니까?" 하고 물어보곤 합니다. 그러면 "예"라고 대답하십니다. 이것이 저자 임판석 목사님의 훌륭한 점이요, 이런 면에서 존경받아 마땅하다고 생각합니다.

저는 격주로 진행되는 크리스찬치유영성연구원과 전인치유 사역에서 가끔 이 생생한 예를 들어서 말하고 있습니다. 아니, 앞으로도 계속 이 귀한 간증을 말할 것입니다.

이런 의지력! 배운 것을 삶의 현장에서 실천, 적용한다면 우리 삶은 변화하게 되어 있습니다. 배우고 깨달은 것을 적용하는 법을 저자를 통해 배웠으면 합니다. 인생은 말한 대로 됩니다. 이 귀중한 책을 읽고 실천해서 삶의 전환점이 되기를 소원합니다.

2020년 9월
양촌 힐링센터, 크리스찬치유영성연구원 김종주 원장

추천사

　임판석 목사님은 수년 전, 우리 생명언어연구원에서 생명언어를 공부할 때 누구보다 성실한 열정의 목회자이셨다.

　이번에 목사님이 지은 책 《멋진 인생! 멋진 말!》(Wonderful Life! Wonderful Words!)의 추천을 부탁받고 이 책 제목에는 100% 동의하면서도, 그러나 내심 걱정도 앞섰다. 과연 많은 독자들이 말에 대한 책에 큰 관심을 가져 줄까 하는 걱정이었다. 왜냐하면 추천자 또한 성경 속 '말'을 연구하며 《당신의 말이 기적을 만든다》(국민일보, 2003) 등 7권의 '말' 시리즈를 오래전에 출판하였고, 또 그 후로 유행처럼 쏟아져 나온 '말'에 대한 책들이 무척 많은지라 오랜 세월이 지난 지금, 또 '말'에 대한 책의 출판에 독자들이 큰 관심을 가져줄까를 걱정하며 원고를 읽게 되었다.

　그러나 원고를 한 장씩 넘기면서 생각이 달라지기 시작했다. 임판석 목사님의 삶이 이 책에 녹아 있고, 진정성이 깊이 느껴졌다. 시대가 지난 주제 같지만 다시 한 번 '말'은 한때의 유행으로 끝나는 주제가 아니라 언제나 우리 인생에 있어 가장 중요한 자리에 있다는 것을 말해 주고 있으며, 말이 인생을 결정한다는 교훈을 다시 생각하게 해 주는 책이다.

  많은 사람들이 이 책을 통해 '말'의 소중함을 일깨우고 인생을 행복과 축복으로 세워가기를 기도한다.

2020년 9월
생명언어연구원 박필 교수

추천사

기적을 만드는 말의 힘!
말은 우주를 움직이고 역사를 만드는 에너지다.
사람은 태어나 죽을 때까지 하루 5만 마디 말을 하는데 말을 기록하면 글이 되고, 글을 입을 통해 전달하면 말이 된다. 어떤 말을 사용하느냐에 따라 어떤 인생이 만들어지는가를 알 수가 있다.

K교수는 많은 논문을 쓰다가 스트레스를 받자 그동안 관심도 없던 인문학 서적 100권을 사다 읽고, 말하는 대로 된다는 내용이 수없이 반복되자 장난삼아 "벤츠도 사고 타워팰리스에 입주한다"고 기록했는데 생각과 말씨가 변하고 2년 만에 벤츠를 타고 다니고, 3년이 되었을 때 타워팰리스에 입주했다는 책을 펴냈다.

"명문대학을 나와 박사가 되고 교수가 되었지만 벤츠와 타워팰리스는 만들지 못했지만 말과 글을 바꾸고 소망을 이루었다."

방송인 유재석 씨는 "말하는 대로"라는 노래를 불렀는데 그는 끊임없이 변신하며 승승장구하고 있다. 요즘은 남성 트롯 전성시대다. 많은 세월 빛을 보지 못하고 생계조차 힘들던 무명가수들이 하나가 되어 사랑, 성공, 행복의 궤도를 달리고 있다.

　인생은 드라마다. 자신을 새롭게 연출해 보자. 이 풍진세상을 원망하지 말고 '말'이 열어 놓은 꿈의 세계로 달려가는 것이다.

　특별히 저자는 말하는 대로 되도록 이미 정해 놓은 조물주(神)의 계획과 그 계획을 밝혀 놓은 현대 뇌(腦) 과학자들의 이론을 논리적으로 잘 전개하고 있으며, 또한 거친 말과 멋진 말(부드러운 말)이 무엇인가를 명쾌하게 정리하였다. 아울러 생각만 가지고 '말'의 훈련이 잘되지 않음을 알기에 자신의 훈련과정과 또 어떻게 훈련할 것인가의 10가지 지침을 자세히 기술해 놓았기에 누구나 쉽게 훈련할 수 있는 훈련 교본이 되리라고 생각한다.

　한 치 앞을 내다보기 힘든 시대를 살아가고 있지만 임판석 목사의 저서 《멋진 인생! 멋진 말!》(Wonderful Life! Wonderful Words!)이 모든 사람을 영광의 궤도로 진입시켜 줄 것을 믿어 의심치 않는다.

2020년 9월
《흥하는 말씨 망하는 말투》의 저자 이상헌

추천사

　세상 사람들이 겪고 있는 세 가지 큰 고통은 병의 고통, 죽음의 고통, 죄의 고통이라고 한다. 이러한 고통에서 벗어나려면 먼저 마음이 죄와 병과 죽음에서 벗어나야 한다. 이 말이 참이라는 것을 많은 과학자, 의학자들도 증명하고 있다.

　예를 들어 방사선 치료의사 칼 사이먼튼(Carl Simonton)의 "마음의 의술", 산부인과 의사 리사 랭킨(Rissa Rankin)의 "의학 너머의 마음"(Mind Over Medicine), 마음의 힘으로 불치병을 이기고 의대교수가 된 언론인 노먼 커즌즈(Norman Cousins)의 "희망의 생물학"(The Biology of Hope), 스탠퍼드 의대 교수 브루스 립턴(Bruce Lipton)의 "믿음의 생물학"(The Biology of Belief), 심신의학의 붐을 일으킨 내과의사 래리 도시(Larry Dossey)의 "치유의 언어"(Healing Words) 등, 이외에도 많은 과학적 증거들이 있다.

　이 책의 저자 임판석 목사님께서는 이러한 과학적 연구 성과와 효과적인 실천법들을 생명의 말씀과 회통시켜 실용서로 만들어 내셨다. 이 책이 세상 사람들에게 큰 도움을 주겠다고 믿는다. 코로나 사태로 많은 사람들이 염려와 두려움에 잡혀 있고, 또한 여러 가지 질병과 삶의 고통에서 벗어나지 못하고 있는데 이 책을 읽고 실천해 보시기를 권유하는 바이다.

 2008년 2월, 필자는 "KBS 아침마당" 프로에 출연한 일이 있다. 그날 내 방송강의를 듣고 50대 여성이 전화를 해왔다. 83세 된 모친께서 암을 세 번이나 수술하고 많은 치료를 했으나 지금은 너무나 어려운 상태라 일어나 앉지도 못한다며 무슨 길이 있겠느냐는 것이었다. 이런 환자에게 의학적으로 무슨 길이 있겠는가? 종교나 신앙이 있는가 물어보았다. 천주교 신자라 하였다.

 그럼 성경을 믿는가 물어보았다. 믿는다 하였다. 성경 마가복음의 "무엇이든지 기도하고 구하는 것은 받은 줄로 믿으라, 그리하면 너희에게 그대로 되리라"라는 기도 방법을 정확하게 가르쳐 주면서, 이 말씀처럼 "이미 다 나았다고 믿으시면 낫겠습니다. 다 나았으니 일어나 걸으라고 하십시오. 옛 가르침에 '누우면 죽고, 걸으면 산다'는 말도 있지 않습니까?"라며 몇 가지 치료법과 함께 이렇게 가르쳐 드렸다. 그러나 내 마음에는 이런 중환자가 낫겠다는 믿음은 조금도 없었다. 다만 그 따님을 위로하기 위해서 한 말이었다. 그 후 이 일을 잊어버렸는데 약 10개월 후 그해 크리스마스 무렵에 전화를 했던 그 따님이 큰 선물 보따리를 들고 우리 병원에 찾아왔다.

어머니가 거의 다 좋아지셨다는 것이었다. 교회도 다니고, 노인정에도 다니신다고 했다. 나는 깜짝 놀랐다. 어떻게 했느냐 했더니 '누우면 죽고, 걸으면 산다'고 해서 일어날 힘은 없지만 천장에 밧줄을 매달아 붙잡고 서서,

"나음을 입었습니다. 감사합니다."(이사야 53:5)
"온전케 되었습니다. 감사합니다."(히브리서 10:14)
"영생을 얻었습니다. 감사합니다."(요한복음 5:24)

이렇게 하루 종일 반복해서 말했다고 한다. 이 할머니는 그 후에 8년 동안 건강하게 지내시다가 세상을 떠나셨다. 나는 이때부터 우리 병원을 찾는 모든 환자와 가족들에게 할머니의 성공 스토리와 함께 이 놀라운 '치유의 말씀'을 반복해서 따라 하도록 가르치고 있다.

2018년 12월, 심각한 자가면역질환을 앓는 50대 여성 환자가 아

들의 등에 업혀서 찾아왔다. 앉지도 못하고 아들 무릎을 베고 누워 있는데 얼굴에 죽음의 그림자가 가득했다. 내 마음에 너무나 부담이 되었다. 이 환자와 가족의 마음에는 할머니의 치유의 말씀이 들어갈 여유가 없었다.

'아바타 프로그램'(Avatar Program)이라는 믿음의 훈련 코스에 보냈다. 이 훈련과정을 통해서 '치유의 말씀'이 그대로 들어갔다. 다시 병원을 찾아왔을 때에는 진료실에 걸어서 들어왔다. 얼굴의 어두운 그림자는 사라지고 눈빛에 생기가 돌고 혈색이 건강한 모습이었다. '생명의 말씀'이 그대로 들어가면 베데스다 연못가의 38년 병자가 일어나 자리를 들고 걸어가는 것과 같은 기적이 이 시대에도 가능하다는 것을 보여준 것이다. 많은 환자와 가족들이 병을 못 이기고 죽을까 봐 벌벌 떨고 있는 것을 자주 본다. 죽음의 두려움에서 벗어나는 것도 '치유의 언어', '생명의 말씀'이 제일 좋은 약이다.

죽음에서 벗어나는 길을 보여주는 의사들의 연구 성과도 많이 있다. 일본 도쿄 대학병원 응급의학과 책임교수 야하기 박사의 저서 《사람은 죽지 않는다》, 서울대학병원 내과의사 정현채 교수의 《우리는 왜 죽음을 두려워할 필요 없는가》, 미국 예일대 셸리 케이건(Shelly Kagon) 교수의 17년 명강의 《죽음》(Death), 스위스 정신과 의사 엘리자베스 로스(Elizabeth K. Ross)의 《죽음 뒤의 생명》(On Life after Death) 등 이외에도 '죽음은 존재하지 않는다'는 것을 증명해 보이는 많은 의학적 연구들이 있다.

맥아더는 20세기에 가장 용맹한 장군으로 알려져 있다. 그는 1차 세계대전 때는 독일군과, 2차 세계대전 때는 일본군과 싸웠고, 한국전쟁에도 참전한 바 있다. 맥아더의 기록을 보면, 그는 포탄이 비 오듯 날아오고 비행기 폭격이 쏟아져도 도망가거나 동요하지 않았다고 한다. "독일 군대가 모두 달려들어도 나를 죽일 수는 없다"고 말하는 내용도 있다. 그는 전쟁 중에 철모를 쓰지 않고 중무장을 하지 않고 지휘봉만 들고 있었다. 전쟁에 나갈 때도 자기 어머니가 선물한 멋진 머플러를 목에 두르고 군복을 잘 다려 입고 다녔다. 그가 육군사관학교에 입학할 때 맥아더의 어머니는 아들에게, "나는 부활이요 생명이니 나를 믿는 자는 죽어도 살겠고 무릇 살아서 나를 믿는 자는 영원히 죽지 아니하리니"(요 11:25-26)라는 말씀을 쉬지 않고 입으로 시인하고 마음으로 믿도록 하였다. 그가 전역할 때 미(美)

상하 양원 합동회의장에서 "노병은 죽지 않는다, 다만 사라질 뿐이다"라고 말했는데 바로 그 말씀에 대한 믿음을 표현한 것이다.

이런 것을 볼 때 어떤 사람이라도 이 '생명의 말씀'을 믿고 말할 때 사망에서 생명으로 옮길 수 있다는 것을 알 수 있다. 사람들이 겪고 있는 가장 큰 고통은 죄의 고통이라고 한다. 종교개혁자 마틴 루터는 수도원에서 죄의 고통에서 벗어나려고 몸부림쳤다. 죄에서 벗어나려고 자신처럼 난행, 고행을 한 사람은 인류 역사상 과거에도 없었고 미래에도 없을 것이라고 고백할 정도였다.

한번은 담당 사제에게 6시간 동안이나 죄를 고백하고 있었는데 이를 참지 못한 사제가 화를 내고 밖으로 나간 일도 있었다. 사제들은 모두 마틴 루터의 죄의 고백을 기피하고 주교에게 넘겼다. 그러던 중 루터는 어느 날 성경을 보다가 깜짝 놀랐다. "모든 사람이 죄를 범하였으매 하나님의 영광에 이르지 못하더니"(롬 3:23). 여기까지만 보면 어떤 사람도 죄 때문에 하늘나라에 갈 수 없지만 그다음 절을 보면 놀랍게도 해결책이 있는 것이다. "그리스도 예수 안에 있는 구속으로 말미암아 하나님의 은혜로 값없이 의롭다 하심을 얻은 자

되었느니라"(롬 3:24). '아! 내 죄가 이미 깨끗하게 씻어져서 의롭게 되어 있었는데 그걸 몰랐구나.' 그는 뛸 듯이 기뻐했다. 죄의 고통에서 온전히 벗어날 수 있었다.

이처럼 '생명의 말씀', '치유의 언어'는 놀라운 힘을 가지고 있다. 내 눈이 보기에 죄도 있고, 병도 있고, 죽음도 있지만 진실은 죄도, 병도, 죽음도 없이 영원히 온전케 되어 있는 것이다. 어떤 사람도 그가 어떤 죄를 지었고 어떤 중한 병에 걸려 있더라도 이 '생명의 말씀', '치유의 말'을 믿고 시인할 때 모든 죄와 병과 죽음에서 벗어날 수 있다.

이 책에서 저자 임판석 목사님께서는 '세월호 참사' 등을 가슴 아파하면서 이 세상을 좋은 세상으로 바꾸고 싶은 강한 염원을 "말로 나라가 건설되기도 하고, 말로 나라가 무너지기도 한다"라고 표현하고 있다. 정말로 귀한 통찰이고, 우리가 관심을 가져야 할 대목이다.

지금 우리 앞에는 한반도에 평화를 정착시켜야 하는 일과 코로나 재앙에서 벗어나는 두 가지 큰 사회적 과제가 있다. 우리가 입을 모아 "한반도는 세계평화의 중심지이다", "한반도는 모든 생명체가 공생하는 신문명의 발원지이다"라고 말하고 그것을 믿는 사람들의 수가 늘어나, 그 숫자가 임계점에 도달하면, '100마리째의 원숭이효과'와 '나비효과'를 일으켜 우리는 전란의 고통과 바이러스 역병에서 벗어나게 될 줄로 믿는다. 많은 사람들이 이 책을 읽고 실천하여 건강하고 복된 삶을 누리고, 나아가 이 세상을 밝은 세상으로 변화시키는 데 기여할 수 있게 되기를 바란다.

2020년 9월
하나통합의원원장, 의학박사/외과전문의 전홍준

들어가는 말

"멋진 인생! 멋진 말!"
(Wonderful Life! Wonderful Words!)

 이 책의 원제는 "말이 거칠면 인생이 거칠다, 인생을 바꾸려면 말을 바꾸자"입니다. 독자들의 기억에 오래도록 남도록 책명을 정하기 위해 기도하는 중 성령의 감동이 있었음을 밝혀둡니다.
 '멋진 인생, 멋진 말'이란 의미는 '멋진 인생'들은 다 '멋진 말'을 사용하는 사람들이며, 반대로 지금은 내가 비록 '멋진 인생'은 아니지만 앞으로 '멋진 인생'이 되기를 바라고 지속적으로 '멋진 말'을 사용하면 반드시 '멋진 인생'이 되고야 만다는 뜻입니다.

 "멋진 인생! 멋진 말!"(Wonderful Life! Wonderful Words!)

 멋지다는 말 'Wonderful'을 사전에서 찾아보니, "아주 멋진, 신나는, 훌륭한, 경이로운, 불가사의한" 등 여러 가지 뜻을 함축하고 있었습니다.

이 책을 읽은 독자들이 책 이름처럼 멋진 말, 곧 세련되고 매력 있으며 최고의 훌륭한 말을 사용하여서 정말 멋진 인생이 되었으면 하는 바람이 간절합니다.

더 나아가 개인적인 바람은 이 책이 오래오래 우리 사회에 큰 반향을 불러일으켜 모두가 다 멋진 말을 사용함으로, 우리 사는 세상이 말 때문에 상처를 입고 고통스러워하며 말 때문에 생을 마감하는 사람이 한 명도 없는 정말 살맛나는 멋진 세상이 되었으면 합니다.

나는 1,000번 실패한 것이 아니다.
단지 실패할 수 있는 1,000가지 방법을 알아낸 것이다.
— 토머스 에디슨 —

모두들 세상을 바꾸려 들지만
스스로를 바꾸려는 생각은 하지 않는다.
— 레오 톨스토이 —

가난하게 태어난 것은 당신의 잘못이 아니지만
가난하게 죽는 것은 당신 책임이다.
— 빌 게이츠 —

"말이 거칠면 인생이 거칠다", "거친 말이 거친 인생을 만든다"는 것은 곧 "멋진 말씨가 멋진 인생을 만들고 흉한 말씨가 흉한 인생을 만든다"는 뜻입니다. 얼마나 많은 세월 광야를 돌면서 깨우친 금과옥조 같은 교훈인가요?

   천국은 마치 밭에 감춰진 보화를 찾아내는 것 같다고 하신 주님 말씀처럼 저에게 있어선 밭에 감춰진 보화를 발견한 것보다 더 귀한 진리였습니다.

   이 사실을 깨닫고 성도들과 함께 나눈 말에 대한 시(詩)를 적어 봅니다.

말하는 대로

태초(太初)에
하늘 땅 만드실 때도
빛이 있으라
말씀하시니
말씀대로 되었고
보시기에 좋았더라(창 1:1-4)

네가 하는
무슨 말이든
내 귀에
들리는 대로
이루어 주신다고
'야훼' 하나님
정(定)하셨고(민 14:28)

현대 뇌 과학(科學)이
밝혔으니…

의로운 말 하면
의롭게 되고
불의한 말 하면
불의한 자(마 12:36-37)

스스로
의롭다 함을 받고
스스로
정죄함 받는 건
자신이 심은
말의 씨앗이 아닌가?

죽겠다고 말하면
세포가
죽을 준비를 하고
살겠다고 말하면
살 준비를…

거친 말
실패(失敗)의 말
계속했더니
인생이 거칠고

실패했으며

부드러운 말
곧
치유(治癒)
회복(回復)
성공(成功)의 말
계속했더니
인생이 행복(幸福)하고
갈수록 잘됨이라

악(惡)을 악으로
욕(慾)을 욕으로
갚지 말고
도리어 복을 빌어라

그러므로
좋은 날 보기를
바라는 자는
혀를 금하여
악(惡)한 말을
그쳐라(벧전 3:9-10)

말에는
흥(興)하고

망(亡)하게 하는

능력(能力) 있나니

멋진 말로

멋진 인생(人生)을…!

2011년 7월 24일

江岩 임판석

註: 창 1:1-4; 민 14:28; 마 12:36-37; 벧전 3:9-10
"태초에 하나님이 천지를 창조하시니라 땅이 혼돈하고 공허하며 흑암이 깊음 위에 있고 하나님의 신은 수면에 운행하시니라 하나님이 가라사대 빛이 있으라 하시매 빛이 있었고"(창 1:1-3). 이렇게 하나님은 천지를 창조하실 때 말로 창조하셨습니다.

"태초에 말씀이 계시니라 이 말씀이 하나님과 함께 계셨으니 이 말씀은 곧 하나님이시니라 그가 태초에 하나님과 함께 계셨고 만물이 그로 말미암아 지은 바 되었으니 지은 것이 하나도 그가 없이는 된 것이 없느니라"(요 1:1-3).

말씀이 곧 하나님이라고 하셨습니다. 그래서 우리가 말을 함부로 하는 것은 곧 말씀이신 하나님을 함부로 대하고 무시하는 것과 같다고 했으니, 참으로 명심할 일이 아닌가요?

같은 이슬이라도 뱀이 마시면 독이 되고 젖소가 마시면 우유가 됩니다. 같은 종이라도 생선을 싸면 비린내가 나고 꽃을 싸면 향기가 납니다. 사람도 이와 같습니다. 어떤 말을 사용하느냐에 따라 독을 내고 비린내를 풍기는 인생이 되기도 하고 자신과 남을 행복하게 하는 향기 나는 인생이 되기도 합니다. 그것이 곧 말의 힘이지요.

부정적인 말버릇을 차단하려면 먼저 자신이 행복하다고 말해야 합니다. 부정적인 말버릇은 어디에서 오는 것일까요? 사실 그냥 나오는 것이 아니고 반드시 그 원인이 있습니다.

마태복음 12장 33-34절에서 예수님은 그 원인에 대하여 이렇게 말씀하셨습니다.

"나무도 좋고 실과도 좋다 하든지 나무도 좋지 않고 실과도 좋지 않다 하든지 하라 그 실과로 나무를 아느니라 독사의 자식들아 너희는 악하니 어떻게 선한 말을 할 수 있느냐 이는 마음에 가득한 것을 입으로 말함이라"(마 12:33-34).

나무의 품종이 좋지 않기 때문에 좋은 열매를 맺지 못한다는 말씀입니다. 마찬가지로 선한 사람은 그 선함 때문에 선한 말을 하고, 악한 사람은 그 악함 때문에 악한 말을 할 수밖에 없습니다.
만고불변의 진리가 아닙니까? 들포도나무가 어떻게 극상품 포도 열매를 맺을 수 있으며, 돌감람나무가 어떻게 참 감람나무 열매를 맺을 수 있다는 말입니까…?
이런 맥락에서 보면 긍정적인 말보다 부정적인 말을 많이 하고, 멋진 말보다 거친 말을 많이 하는 사람은 분명 그 내면에 선한 것보다는 악한 것이, 긍정보다는 부정이, 사랑보다는 미움과 증오 그리고 상처가 많은 자아(自我)를 가진 사람입니다. 왜 그렇습니까? 예수님 말씀처럼 그 마음에 가득한 것을 입으로 쏟아내기 때문입니다.

"입에서 나오는 것들은 마음에서 나오나니 이것이야말로 사람을 더럽게 하느니라"(마 15:18).

하여 그 부정적 자아를 형성한 내 안의 상처를 치료받아야 마침내 긍정적 자아로 바뀌게 되고, 긍정적 자아로 바뀌지기만 하면 자연히 자신의 입에서 나오는 말도 긍정적인 말, 멋진 말이 나와 정말 멋있는 인생을 살 수 있는데, 어떻게 하면 내 안의 상처를 치유 받고 회복할 수 있을까요?

이 상처와 치유 회복을 위해 이 땅에는 동서양과 종교를 넘어 수많은 프로그램들이 존재하고 있어 그 이름을 다 열거하기도 어렵습니다.

기독교에선 예수님을 제대로 만나기만 하면 모든 상처가 다 치료받아 새로운 피조물이 된다고 가르치고 있습니다.

"그런즉 누구든지 그리스도 안에 있으면 새로운 피조물이라 이전 것은 지나갔으니 보라 새것이 되었도다"(고후 5:17).

하지만 이렇게 해도 안 되고 저렇게 해도 안 될 때는 포기하고 말 것입니까? 아닙니다. 되는 길이 있습니다. 그것이 바로 '말'입니다. 먼저 예수님이 좋은 나무에서는 좋은 열매를, 못된 나무에서는 못된 열매를 맺을 수밖에 없다고 말씀하시지 않았습니까?

그런데 이 진리를 거꾸로 뒤집으면 또 하나의 역설적 진리가 탄생합니다. 무엇일까요? 그것은 바로 '말'의 비밀입니다.

지금은 내가 비록 못된 나무일지라도 먼저 긍정적이고 멋진 말을 지속적으로 계속하다 보면(힘들어도 의지를 가지고) 그 말을 자신의 뇌(腦)가 듣고 긍정적이고 좋은 나무가 되도록 유전자의 온라인(on-line) 스위치를 작동시킵니다.

그러다 보면 점점 나쁜 것보다는 좋은 것을 보게 되고, 좋은 것을 생각하고, 좋지 않은 행동보다는 좋은 행동을 나 자신도 모르게 하게 되어, 내 안에 상처들이 서서히 치유되고 회복이 일어난다는 것입니다. 얼마나 멋진 일입니까?

그다음엔 조물주 하나님이 그 긍정의 말을 들으시고 좋은 사람, 좋은 시간, 좋은 환경을 만나도록 배려해 주십니다.

"그들에게 이르기를 여호와의 말씀에 나의 삶을 가리켜 맹세하노라 너희 말이 내 귀에 들린 대로 내가 너희에게 행하리니"(민 14:28).

예컨대 가난하지만 "나는 부자다"라고 지속적으로 말하다 보면 부자가 될 수 있는 사람을 만나게 하시고, 또한 부요할 수밖에 없는 환경을 만나게 하시며, 지혜를 주셔서(약 1:5) 어떤 일을 시작하거나 감당할 수 있는 에너지를 주시고 시의 적절한 기회를 주셔서 마침내 부요한 사람이 되게 해 주십니다.

"여호와는 가난하게도 하시고 부하게도 하시며 낮추기도 하시고 높이기도 하시는도다"(삼상 2:7).

건강도 마찬가지입니다. 지금은 내가 비록 아플지라도 "나는 건강하다"라고 지속적으로 말하면 뇌(腦)가 듣고 건강하도록 만드는 유전자의 온라인 스위치를 작동시켜 내 몸에서 여러 가지 건강케 하는 물질을 만들어 마침내 건강에 이르게 합니다.

그런가 하면 하나님은 우리를 치료하시는 분이시기에 건강하다고 말하는 그 사람의 말을 들으시고 치료의 광선을 발하여 마침내 건강하게 해주십니다. 이 건강에 대해 뒤에서 자세히 밝혔습니다.

"나는 너희를 치료하는 여호와임이니라"(출 15:26).

그럼 언제까지 해야 할까요? 물어볼 것도 없이 이루어질 때까지 쉬지 말고 계속 긍정의 말을 해야 합니다(말의 10가지 훈련).

한 가지 꼭 명심해야 할 진리가 있습니다. 긍정적인 말을 하든 부정적인 말을 하든 첫째는 말하는 사람 자신의 뇌(腦)가 듣고, 둘째는 하나님이 들으시며, 마지막에는 사탄(마귀)이 듣는다는 것입니다.

긍정적이고 멋진 말을 할 때는 사탄은 듣기만 할 뿐 그 말을 꼬투리 잡아 해코지할 권한이 없습니다. 왜 그런가 하면, 긍정의 말인 좋은 말, 향기로운 말, 살리는 말, 곧 멋진 말은 비진리가 아닌 진리의 말이기 때문에 그것은 하나님의 영역이기에 사탄이 감히 어찌할 수 없는 것입니다.

그러나 진리가 아닌 부정적인 말, 곧 거친 말인 거짓말이나 모함하고 참소하며 원망이나 불평의 말, 죽이는 말을 하게 되면 비로소 그것은 사탄 자신의 관할이기에 바로 간섭을 하여, 합법적으로 침투하여 우리 인생의 앞뒤마당을 휘저어 놓습니다. 그래서 거친 말을 하지 말라고 하는 것입니다. 이것을 성경에서는 정확하게 가르쳐 주고 있습니다.

"도적이 오는 것은 도적질하고 죽이고 멸망시키려는 것뿐이요"(요 10:10).

우리 인생을 도적질하고 죽이는 도적놈이요 파괴자인 사탄이 이 땅에 존재하는 목적을 분명하게 말해 주고 있습니다.

더 나아가 고린도전서 10장 10절에서는 사탄의 역할을 더 정확하게 말씀하고 있습니다.

"저희 중에 어떤 이들이 원망하다가 멸망시키는 자에게 멸망하였나니 너희는 저희와 같이 원망하지 말라"(고전 10:10).

광야를 행진하던 이스라엘 백성들이 원망하고 불평하는 부정의 말을 하다가 멸망시키는 자에게 멸망을 당했다고 하는데, 자칫하면 원망하는 자들을 멸망시킨 자가 하나님이신 것으로 오해할 수가 있는데, 그렇지 않습니다.

성경 원어로 보면 멸망시키는 자를 '올로드 류테스'(ὀλοθρευτής), 파괴자, 영어로는 destroyer, 곧 우리 인생을 파괴하는 사탄을 말하고 있음을 알 수 있습니다.

다시 설명하면 인간의 생(生)과 사(死), 화(禍)와 복(福)을 주관하시는 분은 분명 하나님이시지만 진리(眞理) 쪽은 하나님이 담당하시고, 비(非)진리(眞理) 쪽은 사탄에게 위임했다고 보면 됩니다. 사탄이 욥의 두려움의 말을 듣고(욥 3:25) 욥을 괴롭힐 때도 하나님의 승낙을 받고 하지 않았습니까?

이제 부정적인 거친 말을 하면 안 되고 긍정적인 멋진 말을 해야 하는 이유가 등식으로 성립되었으니 착오가 없기를 바랍니다. 그래서 말하는 대로 되며, 말이 바로 내 인생인 것입니다.

지금부터 그런 부정적 자아(自我)를 어떻게 훈련해서 긍정적 자아(自我)로 바꿀 것인가에 대해 관심을 가지고 읽어가다 보면 큰 깨달음에 도달하게 될 것입니다.

　필자는 미션 계통의 학교를 졸업하고도 예수님을 모른 채 살아가고 있었습니다. 그런 저에게 하나님은 구원의 은총을 베푸셨습니다. 30대 초반에 예수 그리스도를 참답게 만나 그분을 제 인생의 주인으로 모시고 난 후, 제 인생은 기원전과 기원후의 변화가 있었습니다. 거듭난 것입니다. 마치 사울이 다메섹에서 변하여 바울이 된 것처럼….

　주님을 만난 후 그렇게 좋아하던 세상 일락을 끊고 오직 복음, 오직 예수님만을 위해 살기로 작정했습니다. 가슴에 타오르는 불을 지피며 밤을 새워 기도하고 성경 읽고 전도하며 교회에 충성 봉사하고, 목사님의 말씀에 순종하며 열심히 신앙생활을 했습니다.

　그런데 이상하게도 제 생활은 좀처럼 나아지지 않고 점점 어려워지기만 했습니다. 경제적으론 궁핍했고 가정엔 화목과 평안보다 반목과 갈등만 쌓여갔습니다. 모든 것이 뒤엉킨 실타래 같았습니다.

　요한복음 10장 10절의 말씀에 의하면 예수님은 우리에게 생명을 주실 뿐 아니라 더 풍성케 하려고 오셨다고 기록되어 있으며, **고린도후서 8장 9절**에는 우리를 부요케 하시려고 예수님이 가난하게 되셨다고 하였는데, '왜 나에겐 그 말씀들이 아무런 의미가 없는 것일까…?' 하고 생각하게 되었습니다.

　'왜 믿음과 삶이 실제가 되지 않는 것일까? 무엇이 문제일까?' 가끔씩 의구심이 들기도 했지만 천하 범사에 기한이 있고 모든 목적이 이룰 때가 있다는 전도서의 말씀을 상기해 보았습니다.

'아직은 때가 되지 않아 그 축복의 임계점에 도달되지 않았을 뿐, 때가 되면 좋아지겠지.' 의심의 마음이 들 때마다 더욱더 열심히 신앙생활에 정진했습니다.

그러나 방향이 틀렸으니 속도를 내면 낼수록 본질과는 거리가 멀어져 갈 수밖에 없었습니다. 물론 신앙을 통해 일부 좋아지는 것이 있기는 했지만 1년, 2년, 10년 시간이 흐르고 세월이 가도 고난은 내 곁을 떠나지 않았으며, 광야는 언제나 현재 진행형이었습니다.

목사가 되어 목회를 하면서도 얼마나 많은 고난을 당했는지 아는 사람들 사이에서는 고난의 대명사 하면 '임판석 목사'라는 말이 회자되기도 했으니, 부끄럽고 창피한 일이 아닐 수 없었습니다.

기도를 안 하는 사람도 아니요, 전도를 안 하는 사람도 아니고, 오로지 하나님의 말씀대로 살기 위해 몸부림치면서 시간도, 물질도 주님이 쓰신다면 아낌없이 드렸는데 말입니다.

'성경은 분명 심는 대로 거둔다고 말씀하고 있지 않던가…? 그런데 내가 심은 것은 썩은 종자만 골라 심어서 다 죽어 버린 것일까? 아니면 무엇이 문제이기에 신앙이 한결같이 쳇바퀴만 돌고 있는 것인가?' 갈등과 회의가 찾아오고 마음이 드세져 육체가 버릇없이 굴려고 하기도 했습니다.

또 한편으로 '하나님이 나를 크게 쓰시려고 모세처럼, 요셉처럼, 야곱처럼 연단하시는구나' 하고 스스로를 위로하려고 했습니다. 그러나 마음은 점점 조급해지고 편치 않아 견딜 수 없는 딜레마에 빠지기도 했습니다. 영혼의 어둔 밤이 찾아와 신앙의 순례 길에 위험한 순간을 맞기도 했습니다.

그러나 포기할 수는 없었습니다. 그동안 주를 위해 살았던 세월과 시간이 아까워서, 기를 쓰고 주님께 매달리기 시작했습니다. 왜 내게 이러시냐고? 내가 무엇을 그토록 잘못했으며, 주님은 나한테 무슨 억하심정이 있어서 나를 이렇게 힘들게만 하시느냐고!

그러던 어느 날 주님은 저에게 밭에 감추인 보화를 찾는 즐거움을 선물하셨습니다. 이미 조물주 하나님이 말씀하셨고 현대 뇌 과학이 증명하고 있는, 인생의 과거요 현재이며 미래이기도 한 곧 **"말이 거칠면 인생이 거칠다"**라는 보화입니다.

영안을 열어 하늘의 비밀을 보게 하셨습니다. 제 인생의 밭이었습니다. 내심 마음속으로 '내 밭에는 꽤나 쓸모 있는 열매가 많이 맺혀 있으리라'고 생각했습니다. 그러나 그 밭을 보는 순간 저는 깜짝 놀라고 말았습니다. 제 인생의 밭이 열매는커녕 잡초만 무성히 우거진 쓸모없는 밭이었기 때문이었습니다.

'내가 못 쓰고 못 입으며 주님을 위해 헌신하고 희생하며 섬긴 것이 얼만데 도대체 내 인생의 밭이 왜 이 모양, 이 꼴이란 말인가?'
어처구니가 없었으며 화가 났습니다. 하나님이 용서가 되지 않아 주님께 따져 물었습니다. "제가 심은 씨앗은 다 죽은 것입니까? 죽은 씨앗, 죽은 종자가 아니라면 제가 지금까지 주를 위해 살았던 결과가 고작 이 정도밖에 되지 않는 것입니까?"
그랬더니 주님이 "잡초를 걷고 손가락으로 땅을 파보아라" 하고 말씀하셨습니다. 말씀하신 대로 했더니 세상에, 씨앗이 무수히 떨어져 있는데 잡초 때문에 발아를 못하고 있는 것이었습니다.

"곡식이 땅에 떨어져 발아하기 위해서는 몇 가지 조건이 충족되어야 하는데 첫째는 종자가 확실하게 생명이 있어야 하고, 둘째는 수분이 있어야 하며, 셋째는 온도가 맞아야 싹을 틔운다."

그런데 "네가 뿌린 씨앗은 잡초 때문에 온도와 습도를 맞출 수 없기도 하지만 설령 싹을 틔운다 하더라도 잡초에 치어 곡식이 자랄 수 없다"라고 하시는 것이었습니다.

"그러면 잡초만 제거하면 되겠네요? 그 잡초가 대체 무엇입니까?" 하고 여쭸더니 **잠언 6장 2절**의 말씀을 주시면서 **"네 입의 말로 네가 얽혔으며 네 입의 말로 인하여 잡히게 되었느니라"**고 하시는 것이 아닙니까?

이 말씀은, 네가 함부로 내뱉은 말이 너 자신을 옭아매고 네 발목을 잡아서 네 인생이 꼬이고 묶여 안 풀린다는 것입니다.

저는 이 말씀을 받은 순간 한편으로는 '내가 멋진 말보다는 얼마나 많은 거친 말을 함부로 하면서 살았던가?'에 대한 회한으로 탄식과 회개의 눈물을 흘렸으며, 한편으론 제 인생이 왜 이렇게 거친 광야 같은지 그 원인을 발견하게 되어 얼마나 기쁘고 좋은지 온 천하를 얻은 기분이었습니다.

그때가 2005년 늦은 가을쯤인 것 같습니다. 조금만 일찍, 조금만 더 빨리 이 진리의 보화를 발견했으면 얼마나 좋았을까요? 역시 때가 있는 것일까요?

"거친 말이 거친 인생을 만들고, 멋진 말이 멋진 인생을 만든다" 는 보화는 신자들에게만 해당되는 말이 아닙니다. 이 말은 신(信), 불신(不信)을 떠나 남녀노유, 빈부귀천, 동서양을 막론하고 모두에게 해당되는 말입니다.

영혼이 구원을 받으려면 예수님을 믿어야 합니다. 이보다 소중한 것은 세상에 없습니다. 그러나 이 땅에서 육신으로 사는 모습을 보면, 어떤 면에서는 예수를 믿지 않는 사람이 예수 믿는 사람보다 더 행복하고 모든 면에서 풍성한 삶을 사는 것을 많이 볼 수 있습니다.

물론 예수를 믿으면 하나님이 복을 주셔서 더 복된 삶을 살지만 이 땅에 사는 동안 삶이 풍요롭고 풍요롭지 않고는 다른 데에도 원인이 있을 수 있습니다.

말에는 눈으로는 볼 수 없지만 그 어떤 것들을 움직이는 에너지가 가득 담겨 있습니다. 곧 말의 씨 같은 것입니다. 그냥 막연하게 '말이 씨가 된다'는 뜻이 아니라 최근에 과학이 발달하면서 뇌 과학자들에 의해 '생각과 신념(믿음)이 몸에 미치는 상관관계', '생각과 말에 대한 뇌의 반응' 등이 학문적으로 속속 밝혀지고 있습니다(신념의 생물학, 후성면역학, 신경 가소성 등).

예컨대 지금까지 우리가 알고 있는 전통적 유전학에서는 뇌세포는 한 번 죽으면 재생이 안 되고 관절의 연골은 닳아 없어지면 자라지 않는다고 배워서 알았는데, 새로운 논문과 학설에서는 뇌세포나 연골이 자란다는 것을 속속 증명하고 있습니다.

'후성유전학'을 연구한 학자들의 연구 논문 중 일란성 쌍둥이를 관찰한 결과 형제 중 형님은 암으로 죽었는데, 동생은 건강하게 살고 있는 경우가 있습니다.

이유가 무엇입니까? 같은 유전자를 가지고 태어났으면 동생도 암으로 죽어야 하는데 말입니다.

연구 결과 유전자가 같아도 '환경'이 다르기 때문에 ① 환경이 유전자를 바꾼 것입니다. 마찬가지로 ② '신념'(믿음)이 유전자를 바꾸며(뒤에 나오는 코끼리의 상아 얘기), 오늘 이 책의 주제인 ③ '말'이 유전자를 바꾼다는 것을 아시고 이 책을 읽었으면 합니다.

이 책을 읽으면서 여러분 주변에 신, 불신 간에 지인들을 살펴보면서 그들의 입에서 나오는 말을 관찰해 보면 쉽게 알 수 있을 것입니다. '치유의 언어', '회복의 언어', '생명의 언어'가 되는 멋진 말을 사용하는지, 아니면 그와 반대의 언어인 부정적이고 거친 언어를 사용하는지를….

한 사람이라도 이 책을 더 읽고 깨달아, 저처럼 이 진리를 알지 못하고 힘든 세월을 광야에서 보냈던 불필요한 시간들을 빨리 청산하고 새로운 환경 속에서 아름다운 인생을 펼쳐 갈 수 있기를 기대해 봅니다.

《흥하는 말씨 망하는 말투》의 저자 이상헌 선생은 이렇게 말하고 있습니다.

"세상에서 가장 강력한 무기는 말이다. 말은 인생을 그르칠 수도, 찬란하게 꽃을 피우게 할 수도 있는 양날의 칼과 같은 무기다. 어떤 말을 듣고 어떤 말을 하며, 어떤 말을 믿느냐에 따라 승부는 물론 행과 불행도 결정된다. 비난은 살상무기요, 칭찬은 육성 무기이다. 희망의 소리는 희망의 꽃을 피우지만, 상처를 주는 말은 무가치한 역사를 만들 뿐이다."

그동안 말에 대한 훌륭한 책들이 많이 출간되었습니다. 저는 이 책을 쓰기 위해 말과 관련된 여러 책들을 나름대로 두루 섭렵하고 읽었습니다. 그리고 직접 임상하기 시작했습니다. 검증된 것이기에 여러분뿐 아니라 주변의 지인들에게도 읽혀졌으면 하는 소원이 큽니다. 더욱 자신도 모르게 말 때문에 힘든 인생을 사시는 분들에게 가뭄에 단비 같은 복음(福音)이 되었으면 합니다.

"멋진 인생! 멋진 말!"(Wonderful Life! Wonderful Words!)
"주님을 위하여, 복을을 위하여, 사명을 위하여"

"나는 갈수록 잘된다!"(시 92:14)
"나는 건강하다!"(출 15:26)
"나는 행복하다!"(신 33:29)
"나는 물 댄 동산, 마르지 않는 샘이다!"(사 58:11)

지속적으로 선포할 때 선포한 말처럼 기적이 일어날 것입니다. 지금부터 본격적으로 이 책에 대한 이야기를 시작하려고 합니다.

2020년 9월
안디옥 동산에서 임판석

목 차

추천사_ 예심선교회 대표 **김기남** 목사 … 4
양촌 힐링센터, 크리스찬치유영성연구원 **김종주** 원장 … 6
생명언어연구원 **박필** 교수 … 10
《흥하는 말씨 망하는 말투》의 저자 **이상헌** … 12
하나통합의원원장, 의학박사/외과전문의 **전흥준** … 14

들어가는 말_ 22

말과 인생 _ 44

1. 말(언어)이란 무엇인가?
  1) 말의 어원 _ 53
  2) 말은 창조적이다 _ 54

2. 거친 말과 멋진 말
  1) 거친 말이란? _ 57
  2) 멋진 말(부드러운 말)이란? _ 71

3. 말에는 어떤 비밀이 숨어 있는가?

1) 말에는 사람을 죽이기도 하고 살리기도 하는 비밀이 있다 _ 73

4. 우리가 입으로 말을 하는 순간 그 말을 누가 듣는가?

1) 우리의 뇌가 그 말을 듣고 실천한다 _ 105

2) 사탄이 그 말을 듣고 말대로 되도록 문제를 작동시킨다 _ 121

3) 하나님은 우리 입의 말을 듣고 행하신다 _ 124

5. 말을 어떻게 해야 할 것인가?

1) 멋진 말, 긍정적인 말을 하자 _ 136

2) 풀무불 연단 _ 143

6. 네 가지 마음 밭

1) 첫째는 길가와 같은 마음 _ 156

2) 둘째는 돌밭과 같은 마음 _ 158

3) 셋째는 가시떨기 밭과 같은 마음 _ 159

4) 넷째는 좋은 땅과 같은 옥토의 마음 _ 174

7. 말, 어떻게 훈련할 것인가?

1) 내비게이션 _ 219

2) 자동차의 전·후진 기어 _ 221

3) 좋은 씨와 나쁜 씨를 섞어 뿌리지 마라 _ 222

4) 통에 담긴 더러운 물을 바꾸는 것처럼 _ 223

5) 땅을 메우는 간척 사업과 같다 _ 224

6) 물이 끓는 임계점에 이를 때까지 _ 225

7) 정상을 정복하는 산악인처럼 _ 226

8) 언어 자석의 양극을 만들어라 _ 236

9) 가난이 찾아오기 전에 먼저 부요의 말을 하고, 질병이 찾아오기 전에 먼저 건강의 말을 하라 _ 238

10) 도루묵 이야기 _ 247

8. 말을 통해 받는 성경의 비밀

1) 하나님의 축복! _ 252

나가는 말 _ 257

멋진 인생
Wonderful Life!

멋진 말
Wonderful Words!

말과 인생

"마지막 석양빛을 기폭에 걸고 흘러가는 저 배는 어디로 가느냐, 해풍아 비바람아 불지를 마라 파도 소리 구슬프면 이 마음도 구슬퍼, 아 어디로 가는 배냐 어디로 가는…."

이것은 "황포돛대"라는 노래의 가사 중 한 부분입니다. 애잔한 노랫말에다가 구슬픈 목소리로 향수를 불러일으키게 하는 국민가수 이미자 씨가 부른 노래입니다.

"해풍아 비바람아 불지를 마라, 비바람이 심하게 불면 목적지를 바라보고 항해할 수가 없구나…." 이 노랫말을 보면 인생은 누구나 바라고 소망하며 마침내 이르기를 원하는 소원의 항구가 있는데 비바람이 심하게 불면 그 목적지에 도달하지 못한다는 의미가 들어 있습니다.

맞는 말입니다. 바람도 어느 정도 불면 찬송가 가사에 있는 것처럼 "그 풍랑 인연하여서 더 빨리 갑니다"라고 할 수 있지만 오히려 바람이 너무 심하게 불면 마음대로 항해가 안 될 뿐 아니라 때로는 좌초되기도 합니다.

　우리 인생살이도 그렇다고 할 수 있겠습니다. 적당한 바람은 항해에 도움을 주지만 너무 심한 풍랑은 좌절하게 하고, 때로는 상실감 속에 다시는 일어나지 못하게 하는 비참한 결과를 가져와 극단적 선택을 하는 데 이르게도 합니다. 소원의 항구에 이르지도 못한 채 파선된 인생호가 닻을 내리고 말 듯….

　그런데 이런 일들은 믿지 않는 사람들뿐 아니라 예수 그리스도를 구주로 영접하고 열심히 신앙하는 사람들 가운데서도 많이 볼 수 있습니다. 우리는 예수를 믿는다고 마냥 좋은 일만 있는 것이 아니라는 사실을 잘 압니다.

　물론 하나님께서는 우리를 다루시고 빚어내어 왕 같은 제사장(벧전 2:9)으로, 세례 된 자로, 고운 가루로, 옥토로, 하나님이 쓰시는 사람으로 만들어 가십니다. 곧 하나님은 우리 생명의 부양자입니다. 그런데 하나님의 얼굴로 이 땅을 살게 하기 위해서 모세처럼, 다윗처럼 또 성경의 많은 인물들처럼 광야 훈련을 하실 때는 우리 삶에 혹독한 시련의 바람이 몰아쳐 옵니다.

　하지만 그것도 기한이 있는 것이지, 마냥 언제까지나 쳇바퀴 돌듯 광야만 맴돌아야 하는 것은 아닙니다. 훈련만 받다가 인생이 끝나는 것이 아니라는 말입니다.

　사람들이 만나는 고난을 한마디로 표현하기엔 상당히 복잡하고 민감한 상관관계가 있습니다. 왜냐하면 내가 만나고 경험한 하나님과 다른 분이 만나고 경험한 하나님에는 개인차가 있어서 서로 다를 수 있기 때문입니다.

때로 어떤 이들은 예수님을 만난 후에 훈련으로 받는 고난이 아니고, 자신이 불순종하고 잘못된 말이나 행동을 해서 겪게 되는 모든 고난도 마치 주님을 위해 당하는 것처럼 순교의 믿음을 가지고 사는 이들도 있습니다.

"왜 예수님을 믿고 말씀대로 살고 있다고 나름대로 자부하는 많은 크리스천들이 주님 안에서 평안과 행복을 누리지 못한 채 오랜 세월 풍랑 가운데서 헤어나지 못하며 복음의 통로가 되지 못한 채 전전긍긍하고만 있는가?"

'무엇이 잘못된 것일까? 아니면 그 사람에게는 하나님이 언제까지나 고난의 인생을 살라고 미리 정하신 뜻이라도 있다는 것인가?'

이해되지 않고 알 수 없는 거듭되는 고난 속에서 이 문제에 대한 의구심을 갖고 답을 찾기 시작하였고, 오랜 시간이 지난 후 성령의 조명하심으로 **"말이 거칠면 인생이 거칠다. 인생을 바꾸려면 말을 바꿔라"**는 깨우침을 얻었습니다.

먼저는 제 삶 가운데서, 성도들이건 예수를 믿지 않는 불신자이건 제 주변 다른 사람들을 관찰하고 임상하면서, 교훈하신 말씀이 실제임을 알게 되었습니다. 이 비밀을 알게 된 지금, 이 글을 쓰는 제 마음은 많이 바쁩니다.

고향 초등학교 선배와 후배 중 두 분이 있습니다. 한 분은 저보다 4년이나 연상이지만 학교를 늦게 다녀 저보다 1년 후배고, 한 분은 두 살 연상이면서 저보다 1년 선배입니다.

우리는 약 30년 동안 3~4개월에 한 번씩 모여서 친목을 도모하며 희락을 같이하고 살았습니다. 물론 다른 회원도 5명 정도 더 있었습니다. 지금은 세상을 뜨고 안 계신 분들도 있고 해서 모이지는 못하고, 가끔 전화로 안부를 묻는 정도입니다. 참 좋은 친구들입니다.

위에 말한 두 분은, 30년 동안 모임을 하면서 한 번도 남을 비방하거나 헐뜯는 말을 한 적이 없는 것 같습니다. 언제나 긍정적인 말, 좋은 말, 멋진 말만 하는 사람들이었습니다. 말 그대로 참 따뜻하고 좋은 사람들입니다.

혹 다른 친구가 남을 헐뜯고 비방하면, 그들이 나서서 가로막고는 이렇게 말했습니다. "그렇게 남을 나쁘게 말하지 마라. 알고 보면 그 사람도 그럴 수밖에 없는 무슨 이유가 분명 있었을 것이다. 그러니 섣불리 판단하지 말고 조금 기다려 봐라."

그러면 격한 감정으로 나쁜 말을 하던 이도 그냥 그치고 맙니다. 그들 중 후배 한 사람은 박○○ 씨고 선배의 이름은 김○○ 씨입니다. 실명을 밝힐 수 없음을 이해해 주셨으면 합니다.

박○○ 씨는 불신자이지만 그의 인생은 참으로 행복합니다. 지금 70대 중반의 나이임에도 아내와 함께 세탁소를 운영하고 있으며, 건강하고 행복하게 잘살고 있습니다(내가 "어떤가? 친구" 하고 안부를 물으면 본인이 늘 그렇게 대답하며 실제로도 그렇습니다).

그의 두 아들 중 하나는 경찰대학을 나와 간부로 재직하고 있으며, 하나는 사관학교를 졸업하고 군에서 영관 장교로 근무 중입니다. 딸도 행복한 가정을 이루고 있습니다. 두 아들의 이름도 제가 지어 주었습니다.

또 한 사람 김○○ 씨는 신앙인입니다. 그 역시 건강하고 행복하게 잘살고 있습니다. 공무원으로 시청 과장도 하고, 동장 면장도 하다가 지금은 은퇴하셨지만 노후가 행복하고 즐겁다고 하십니다.

이분의 자녀도 아들 둘에 딸 하나입니다. 대기업의 직원, 훌륭한 사회인으로 제 몫을 다하고 있으며, 가정도 다 평안하고 문제가 없다고 합니다. 치유와 회복의 언어, 멋지고 좋은 말을 한 결과가 아닌가요?

반면에 다른 친구 한 사람이 있었습니다. 그는 늘 부정적인 말, 거친 말을 여과 없이 원색적으로 내뱉는 사람입니다. 멋진 말을 할 줄 모릅니다. 가정이 있기는 한데 늘 하나 되지 못하고 다투고 싸우며, 자녀들은 속을 썩이며 부모를 힘들게 했습니다. 고단하고 힘든 삶을 살더니, 오래전에 스스로 생을 마감하고 말았습니다.

"잘못된 세 치 혀가 당신의 인생을 갉아먹는다."

책을 마무리할 즈음에 우리 교회 성도님들과 식사를 하고 있는데 그중 한 권사님이 이런 말을 했습니다. "목사님 말씀을 듣고 가만히 생각해 보니 그 말이 맞네요" 하기에 "무엇이 그러냐"고 물으니 자신의 친척 중 어머니 한 분이 늘 그 아들 하나를 부를 때면 "이 접시 물에 빠져 죽을 놈아! 이 접시 물에 빠져 죽을 놈아!"를 입에 달고 그 아들을 부른다는 것입니다.

아들을 사랑하는 애칭으로 엄마가 그렇게 불렀을 것이며, 설마 그렇게 말한다고 어떻게 접시 물에 사람이 빠져 죽겠는가 하는 생각으로 그리 불렀으리라 짐작이 갑니다.

세월이 흘러 그 아들이 어른이 되었는데, 어느 비가 오는 날 차를 타고 길을 가다가 물이 불어난 냇가를 건너다가 그만 물에 빠져 죽고 말았다는 것입니다. 이 얼마나 무서운 말의 결과입니까? 이상헌 선생님의 《흥하는 말씨 망하는 말투》를 보면 이와 비슷한 얘기가 기록되어 있습니다.

"잘 될 거야, 샘."

열 달 뱃속에서 키운 자식이 미울 수는 없겠지만 자식에게 악담을 잘하는 어머니도 있다. 그러면서도 악담이라고 생각하는 사람은 드물다. 어쩌면 조건반사 같은 언행일 것이다. 어려서 어머니에게 그런 말을 듣고 자랐기 때문에 자신도 모르게 복제되어 그런 말이 튀어나오는 것이다.

만일 자신이 한 말 때문에 자식에게 화가 닥쳐온다는 것을 미리 터득하게 된다면 혀를 깨물고라도 참을 것은 두말할 나위가 없다. A여인은 자식에게 툭하면 "이 빌어먹을 놈아"라고 하는 것이 입에 배어 있었다. 자식이 무엇을 잘못해서가 아니라 판소리를 할 때 추임새와 같다고나 할까. 주위에서 가만히 살펴보면 이런 말버릇을 가진 어머니는 예상외로 많다.

그래도 여인의 아들은 공부를 잘하고 학교에서도 인정받는 학생이었다. 소위 일류라는 대학에도 단번에 합격했다. 그녀는 기쁨에 겨워 합격 통지서를 가지고 들어오는 자식을 끌어안고 감격하여 "이 빌어먹을 놈이 드디어 해냈구나"라며 펑펑 울었다.

아들은 대학을 졸업한 후 군대도 갔다 왔다. 그런데 고시에 집중하느라고 좋은 혼처가 나와도 결혼은 꿈도 꾸지 않았다. 고시는 꼭 실력만으로 되는 것이 아니다. 그는 운이 따르지 않아서인지 열다섯 번을 보았는데 모두 1차만 합격하고 계속 떨어졌다.

나이가 서른이 넘고 눈 깜짝할 사이에 마흔이 후딱 지났지만 백수생활을 면하지 못하고 있었다. 취업이라도 할까 하고 원서를 냈는데 면접에서 매번 떨어지고 말았다. 결혼을 하려고 해도 백수에게 시집을 오겠다는 여자가 있을 리 없었다.

부모가 살아 있을 때는 그래도 부모에게 의지해 살았다. 그러나 부모가 세상을 떠나고 그들이 남긴 유산마저 모두 까먹은 후에야 그는 나를 찾아왔다.

"이제 어떻게 하면 좋겠습니까?" 진정으로 해줄 답변이 궁했다. 워낙 안돼서 위로하기 위해 술이나 한잔 하자며 데리고 나갔다. "당신은 인상도 좋고 실력도 있는데 왜 안 풀리는지 이해가 안 됩니다. 지나온 얘기를 들어봅시다."

이럴 경우 상대방은 말을 하고, 나는 몇 시간이고 듣는 데만 열중을 한다. 그런데 얘기 중에 바로 "이 빌어먹을 놈"이란 말을 하루에도 열두 번은 더 들었을 것이라는 얘기를 듣고 무릎을 탁 쳤다.

"알았습니다. 바로 그것 때문입니다. 그 말이 업보가 되었군요." 그도 어머니를 닮았는지 툭하면 '빌어먹을'이 입에서 튀어나왔다.

면접 중에도 그 말버릇 때문에 번번이 낙방되었을 것은 말할 필요가 없다. 악담이 악한 결과를 불러오는 것은 자명한 일이다.

"그럼 어떻게 하면 풀어지겠습니까?"

"말의 습관을 고치고, 열심히 봉사를 해보세요. 당신 정도의 실력이면 어려운 이웃에게 무료로 과외 지도도 할 수 있을 것이라고 생각합니다."

그 뒤에 그는 주민센터로부터 무료로 과외 지도할 곳을 소개받았다. 열심히 한 결과, 잘 가르친다고 소문이 나기 시작했다. 운명을 바꾸기 위해 목숨을 걸고 가르친 결과였다. 어느 날 서울 강남의 한 유명학원 관계자가 찾아와 자기 학원에 와서 지도해 줄 수 있겠느냐고 제의를 했다.

지금은 유명강사가 되었을 뿐 아니라 좋은 혼처가 있어 결혼한 후 뒤늦게 알콩달콩 살아가고 있다. 이 친구는 '빌어먹을'에서 '잘될 거야'로 말버릇을 고쳤으며, 강남 학원가에서 '잘될 거야, 샘'이라면 모르는 사람이 없을 정도가 되었다.

 창세기를 보면, 야곱이 외삼촌 라반의 집을 20년 만에 떠나올 때 그 아내 라헬이 아무도 모르게 아버지 라반의 '드라빔'을 훔쳐 가지고 나옵니다. 뒤쫓아 온 라반이 드라빔을 내놓으라고 할 때 야곱이 말하기를 우리는 드라빔을 가지고 온 적이 없다, 만약 누구든지 드라빔을 가지고 온 자가 있다면 그는 죽으리라고 말합니다(창 31:32).

 야곱은 자기 아내 라헬이 드라빔을 훔쳐 온 줄을 몰랐기에 그런 말을 한 것입니다. 하지만 그 말은 머지않아 현실로 이루어져서 마침내 라헬이 야곱의 막내 베냐민을 출산하다가 산고로 죽음에 이르고 맙니다(창 35:18-19). 모르고 한 말이지만 말이 열매를 맺은 것입니다.

 부디 이 책에 기록된 내용을 잘 읽고 멋진 말을 실천하여 어둠의 삶을 끝내고 빛 가운데로 나아와 주님은 좋으신 분이며, 하나님은 살아 계시다고 간증하며 갈수록 잘되는 인생이요, 이 세상이 꼭 필요로 하는 인물이요, 나아가 하나님을 찬양하시는 멋진 분들이 되시기를 기대합니다.

1.

말(언어)이란 무엇인가?

이 질문에 대하여 한마디로 답하기는 조금은 곤란하지만 '말'에 대한 사전적 정의를 보면 이렇게 기록되어 있습니다.

"사람들 사이의 의사소통에 쓰이는 음성과 문자의 관습적 체계"

그러나 사실 이 뜻은 너무 막연합니다. 인간의 언어는 관습적 체계인 동시에 개인이 머릿속에서 처리하는 과정이며, 논리적·수학적 특성을 가진 추상적 대상이기도 합니다.

또한 의사소통(커뮤니케이션)이 언어의 가장 중요한 기능이기는 하지만 동물도 의사소통을 한다는 점에서, 그리고 사람들이 의사소통 이외의 목적으로도 언어를 사용한다는 점에서 언어의 정의가 의사소통에만 국한될 수 없습니다.

그렇다면 동물의 의사소통 수단과 구별되는 인간 언어의 고유 특성들은 무엇일까요?

1) 말의 어원

말의 어원은 '마~알'에서 왔다고도 합니다. '마~알'을 빠르게 발음하면 '말'이 됩니다. '마~알'의 의미는 **마음의 알맹이**입니다. 마음의 알맹이가 입 밖으로 나오면 말이 됩니다. 흔히 우리는 "마음에도 없는 말을 하나?"라고 말하기도 합니다. 이 말은 말이 곧 마음에서 나온다는 것을 의미합니다.

예수님도 입에서 나오는 말은 마음에서 나온다고 하셨습니다.

"입에서 나오는 것들은 마음에서 나오나니 이것이야말로 사람을 더럽게 하느니라"(마 15:18).

그런가 하면 바리새인 서기관들을 질타하시면서 "독사의 자식들아 너희는 악하니 어떻게 선한 말을 할 수 있느냐 이는 마음에 가득한 것을 입으로 말함이라"(마 12:34)고 말씀하셨습니다.

이처럼 마음에 품고 있는 생각이나 사상 등은 입을 통해 나옵니다. 그래서 마음의 알맹이를 잘 갈무리하면 세상을 따뜻하게 하는 언어, 긍정적인 언어인 멋진 말이 되어 나오는 것입니다. 어떤 말을 입 밖으로 낼까, 말까는 우리의 선택에 달려 있습니다.

그런가 하면 마음의 알맹이를 잘못 만들면 남을 해치고 자신의 삶마저도 어렵게 만드는 차갑고 부정적인 말을 세상에 내어놓게 됩니다.

그래서 이런 말이 있습니다. "입술의 30초가 마음의 30년이 될 수 있으며, 혀를 다스리는 것은 나지만 내가 한 말이 나를 다스린다."

2) 말은 창조적이다

하나님은 말로 천지를 창조하셨습니다. 그래서 하나님의 형상대로 창조된 우리의 말에는 강력한 창조의 에너지가 있습니다. 또한 말에는 뇌에 전달되어 새기는 각인(刻印) 효과가 있습니다. 늘 하는 말이 뇌에 강하게 박혀 실제 그렇게 되게 하는 것입니다. 말은 새로운 운명과 환경을 창조합니다.

'한국스피치평생교육원'을 경영하시면서 고려대학교, 숙명여자대학교, 동국대학교 등 여러 명문대학 주임교수로, 그리고 한국 유수 기업체에서 말에 대한 강사로 활동하고 있는 민영욱 교수님이 있습니다. 그는 어려운 시절 말에 대한 깨우침을 얻고는 날마다 새벽 일찍 남산에 올라 소나무와 비둘기를 바라보면서 "비둘기 형제 여러분! 소나무 동포 여러분! 내 비록 지금은 인생이 이렇게 힘들지만 10년 후엔 한국의 유명대학 교수로 기업의 유명 강사가 될 것입니다!"라고 3년을 외쳤다고 합니다. 정신이 잘못된 사람이 아니고서야 어떻게 그런 일을 하루 이틀도 아니고, 눈이 오나 비가 오나 3년을 할 수 있었을까요?

그러나 말에 창조하는 힘이 있음을 알고 있었기에 그는 줄기차게 같은 말을 반복하고 또 반복했던 것입니다. 결과로, 때가 되니 놀라운 기적 같은 일이 그의 신변에 벌어지기 시작했습니다. 3년 후, 어느 지인의 소개로 작은 회사의 초청강사로 들어가게 되었고, 이를 시작으로 오늘날 한국 유명 강사의 자리에 오르게 되었습니다.

그가 말한 대로 된 것입니다. 말이 그의 인생을 새롭게 창조한 씨앗이 되어 열매를 맺은 것입니다. 말대로 창조된 것입니다. 하나님도 말로 천지를 창조하지 않으셨습니까(창 1:1).

인간의 뇌는 어떤 일에 대해 관계된 정보를 먼저 검색해서 반영하기 때문에 실현 가능성이 있는 유도 신경물질을 분비합니다. 긍정적이고 행복한 말을 하면 몸에 이로운 '엔돌핀'이나 '바이돌핀' 같은 신경물질을 분비해서 온몸이 평안하고 행복한 상태를 유지하게 해주며, 반대로 불평이나 원망 등 부정적인 말을 하면 몸에 해로운 아드레날린 같은 신경물질을 분비해서 우울, 좌절에 빠져 버려 그야말로 '말이 씨'가 되게 합니다.

"말이 씨가 된다"는 말은 과학적인 사실입니다. 우리는 평소에 자주 하는 말을 아주 중요하게 생각해야 합니다. "아, 짜증 나", "난 왜 맨날 이 모양이야"와 같은 말을 자주 하면 그 말이 청각기관을 거쳐 뇌에 입력돼 버립니다. 그렇게 되면 독한 스트레스 호르몬이 분비되어, 결국 자신의 몸과 감정을 완전히 짜증 나는 상태로 만들어 버리는 것입니다.

한편으로 뇌는 단순한 면이 있어서, 다른 사람에 대하여 원망하고 불평하는 것을 자신에 대하여 원망하고 불평하는 것으로 알아들으며, 남을 칭찬하고 축복하는 말도 자신에게 칭찬하고 축복하는 것으로 알아듣는다고 합니다.

그런데 우리는 아무 생각 없이 그냥 입에서 나오는 대로 내뱉는 말에 익숙해져 있습니다. 만약에 우리가 말을 할 수 없었다면 어땠을까요? 아마도 다른 동물들과 별반 다르지 않았을 것입니다.

이유는 뇌의 발달과 외부와의 소통이 차단되기 때문입니다. 뇌는 성장하기 위해 애를 쓰고 있는데, 이를 누군가에게 알려줄 수 없다면 뇌는 스스로 진화를 포기하고 말았을 것입니다.

다행히 말할 수 있는 능력이 있었기에 뇌가 만들어 내는 생각들을 세상에 지속적으로 전달할 수가 있습니다. 그렇게 뇌가 할 일이 많아지다 보니 할 말도 많아지게 되고, 할 말이 많아지다 보니 자연히 세상에서 할 일도 많아지게 된 것입니다.

말은 인간과 세상 사이를 이어주는 시작점입니다. 인간의 생각이 입을 통해서 말로 나가는 순간, 세상 만물과 소통하기 시작합니다.

인간은 자기의 생각을 말로 표현하는 동물입니다. 말을 하지 않고 자신을 알아주길 바라면 잘못된 생각입니다. 잘 보이려고 남의 이야기를 자신의 이야기처럼 꾸미는 것도 잘못된 생각입니다. 우리가 쓰는 말 가운데 얼마나 많은 말이 헛소리(구호)인지 모릅니다.

당신의 입이 바로 당신의 그릇이고 인격입니다. 확실하게 보지 않았거든 보았다 하지 말고, 확실하게 듣지 않았거든 들었다고 말하지 않는 것이 지혜입니다.

2.

거친 말과 멋진 말

자, 이제 본격적으로 거친 말이란 어떤 말인가를 생각해 봅시다.

1) 거친 말이란?

남을 죽이는 나쁜 영향력을 끼치는 말입니다. 곧 부정적인 말입니다. 예컨대,

"너 미워."
"불행해."
"죽겠네."
"너는 할 수 없어."
"왜 그리 못생겼니."

"넌 용서할 수 없어."
"못살겠네" 등

말하는 본인에게나 말을 듣는 사람에게 나쁜 영향력과 에너지를 주는 말, 상대를 헐뜯고 비방하는 말, 원망하고 불평하는 말들이 곧 죽이는 말입니다. 몇 가지로 나눠서 거친 말의 실제를 살펴보려고 합니다.

(1) 함부로 하는 말이 거친 말이다

함부로 하는 말이란 생각 없이 내뱉는 말, 곧 상대를 배려함 없이 내 기분이나 느낌, 감정대로 여과 없이 쏟아내는 말입니다.

내가 이 말을 하면 상대방이 어떻게 받아들이겠구나 하는 생각을 하지 않고, 그저 내 감정이나 기분대로 말을 해서 상대방의 마음에 상처를 주고 실족하게 하는 말이 거친 말입니다. 한마디로 함부로 하는 말이지요.

상대의 마음이나 기분 또는 환경을 헤아리지 못하는 사람은 어리석은 사람입니다. 예컨대 장애인을 보고 '병신'이라고 한다든지, 깊은 밤 곤히 잠든 사람에게 축복한답시고 큰 소리로 외치는 그런 것이 있습니다.

잠언에는 이런 말씀이 있습니다.

"이른 아침에 큰 소리로 그 이웃을 축복하면 도리어 저주같이 여기게 되리라"(잠 27:14).

"혹은 칼로 찌름같이 함부로 말하거니와"(잠 12:18).

"악인은 입술의 허물로 인하여 그물에 걸려도 의인은 환난에서 벗어나느니라"(잠 12:13).

악인과 의인을 논하는 성경의 기준이 거친 말을 하느냐, 아니면 부드러운 말 곧 멋진 말을 하느냐로 결정됩니다.

잠언 25장 11절의 경우에는 **"경우에 합당한 말은 아로새긴 은쟁반에 금사과니라"**라고 했습니다.

경우에 합당한 말을 해야 할 것입니다. 남을 칭찬하고 격려하는 말을 해야 할 것입니다. 감정이나 느낌에 따라 함부로 내뱉는 험악한 말이 아니라 소망을 주고 위로를 주는 말을 골라가면서 해야 할 것입니다. 이것을 일러 부드러운 말, 곧 멋진 말이라고 합니다.

(2) 남의 허물을 들춰내는 말이 거친 말이다

사람들은 두세 명이 모이면 남의 이야기로 풍성한 말잔치를 합니다. 남을 헐뜯고 그의 허물을 이야기하는 것이 그렇게도 재미가 있나 봅니다. 잠언 18장 8절을 보면 남의 말을 하는 것이 별미를 먹는 것처럼 맛이 있다고 기록되어 있습니다.

"남의 말하기를 좋아하는 자의 말은 별식과 같아서 뱃속 깊은 데로 내려가느니라"(개역한글).

"헐뜯기를 잘하는 사람의 말은 맛있는 음식과 같아서, 뱃속 깊은 데로 내려간다"(새번역).

"고자질은 맛있는 음식 같아서 마음 깊이 남는다"(쉬운성경).

"나쁜 소문을 퍼뜨리고 다니는 사람의 말은 맛있는 음식과 같아서 사람들은 그것을 삼키기 좋아한다"(현대인의 성경).

각 성경들이 잘 표현하고 있습니다.

같은 성경 6절에는 "미련한 자의 입술은 다툼을 일으키고 그 입은 매를 자청하느니라"(잠 18:6)고 기록되어 있습니다. 절제 없이 함부로 말하는 자는 미련한 자일 뿐 아니라 다툼을 일으키고, 또한 그 입으로 매를 자청한다는 말씀입니다.
7절에 보면 더 무서운 말씀이 있습니다.

"미련한 자의 입은 그의 멸망이 되고 그 입술은 그의 영혼의 그물이 되느니라"(잠 18:7).

그 입 때문에 멸망하게 되고, 그 입 때문에 영혼이 올무에 걸리고 만다는 것입니다. 영혼이 잘되어야 범사가 잘될 것인데, 영혼이 올무에 걸려 있으니 그의 범사가 얼마나 힘들겠습니까?

시편 109편에도 이런 말씀이 있습니다.

"저가 저주하기를 좋아하더니 그것이 자기에게 임하고 축복하기를 기뻐 아니하더니 복이 저를 멀리 떠났으며 또 저주하기를 옷 입듯 하더니 저주가 물같이 그 내부에 들어가며 기름같이 그 뼈에 들어 갔나이다"(시 109:17-18).

타인을 저주하기를 좋아하더니 그 저주가 자기에게 물같이, 기름같이 그 뼈에 침투했다고 말씀하십니다. 거친 말은 남의 허물을 말하는 것입니다. 특히 정치하는 사람들이 더 심한 것 같습니다. 자기 눈에 들보가 있는데도 남의 눈에 있는 티만 보려고 설치는 어리석은 자입니다.

대체로 남의 허물을 말하기를 즐겨 하는 자의 특성을 연구해 보면 자기 의가 강한 사람들이고, 그다음은 자신이 허물이 더 많기 때문에 남의 허물을 말하면 자신의 허물이 덮어지는 것으로 착각하는 사람들입니다.

"똥 묻은 개가 겨 묻은 개 나무란다"는 중국 속담이 있습니다. 이 말은 중국 송(宋)나라 때의 명신(名臣) 범순인(范純仁)의 말에서 유래되었으며, 지우책인명(至愚責人明)이라고 하고, 그는 또 이런 말을 하기도 했습니다.

"지극히 어리석은 사람이라 할지라도 남을 나무라는 데는 총명하고, 총명한 사람일지라도 자신을 용서하는 데는 어리석다. 너희들은 항상 남을 나무라는 마음으로 자신을 나무라고, 자신을 용서하는 마음으로 남을 용서하도록 하여라. 이렇게 하면 성현의 지위에 이르지 못함을 근심하지 않아도 될 것이다"라고 했습니다. 삼가 깊이 마음에 새겨야 할 말인 것 같습니다.

가정사역자로 활동하시는 송길원 교수님의 책을 보면, 말에 담긴 지혜 27가지가 나오는데 그 내용이 너무 좋아 함께 나눠 보려고 합니다.

말에 담긴 지혜 27가지

01. 무시당하는 말은 바보도 알아듣는다.
02. 말은 입을 떠나면 책임이라는 추가 기다린다.
03. 지적은 간단하게, 칭찬은 길게.
04. 사랑이라는 이름으로도 잔소리는 용서가 안 된다.
05. 앞에서 할 수 없는 말은 뒤에서도 하지 말라.
06. 농담이라고 해서 다 용서되는 것은 아니다.
07. 표정의 파워를 놓치지 말라.
08. 소소한 변화에 찬사를 보내면 큰 것을 얻는다.
09. 말을 하기 쉽게 하지 말고, 알아듣기 쉽게 하라.
10. 흥분한 목소리보다 낮은 목소리가 더 위력이 있다.
11. 덕담은 많이 할수록 좋다.
12. 잘난 척하면, 적만 생긴다.
13. 두고두고 꽤씸한 생각이 드는 말은 위험하다.
14. 말을 독점하면 적이 많아진다.
15. 작은 실수는 덮어 주고, 큰 실수는 단호하게 꾸짖는다.
16. 지나친 아첨은 누구에게나 역겨움을 준다.
17. 무덤까지 가져가기로 한 비밀을 털어놓는 것은 무덤을 파는 일이다.
18. 쓴 소리는 단맛으로 포장해라.
19. 험담에는 발이 달렸다.
20. 단어 하나 차이가 남극과 북극의 차이다.

21. 진짜 비밀은 차라리 개에게 털어놓아라.
22. 말도 연습해야 나온다.
23. 허세에는 한 번 속지 두 번 속지 않는다.
24. 약점은 농담으로도 들추어서는 안 된다.
25. 넘겨짚으면 듣는 사람 마음의 빗장이 잠긴다.
26. 때로는 알면서 속아 주어라.
27. 남에게 책임을 전가하지 말라.

말에 대하여 참으로 유익한 교훈이라고 생각합니다. 야고보서 4장에는 이런 말씀도 있습니다.

"형제들아 피차에 비방하지 말라 형제를 비방하는 자나 형제를 판단하는 자는 곧 율법을 비방하고 율법을 판단하는 것이라 네가 만일 율법을 판단하면 율법의 준행자가 아니요 재판자로다 입법자와 재판자는 오직 하나이시니 능히 구원하기도 하시며 멸하기도 하시느니라 너는 누구관대 이웃을 판단하느냐"(약 4:11-12).

사람을 판단하는 일은 하나님만이 하실 일이지, 감히 사람으로는 할 수 있는 일이 아니라는 말씀입니다.

필자는 참으로 남을 판단하기를 좋아하는 사람이었습니다. 다른 사람의 허물을 예리하게 비판하고 판단하기를 참 즐겨 했습니다(이름대로… 判/판단할 판, 碩/클 석).

스스로 생각하기에 상대가 하는 일이 바르지 않다고 생각하면 밤에 잠을 자다가도 일어나서 판가름을 하고 옵니다. 그래야 잠을 잡니다. 그야말로 기고만장하고 교만하기 이를 데 없는 인간이 아닙니까. 남을 판단하고 상대의 허물을 말하는 것이 즐거움이었습니다.

그런데 그때는 몰랐습니다. 내가 똑똑하고 내가 잘나서 그러는 줄 착각하고 살았습니다. 말 때문에 인생의 거친 광야를 참으로 많이도 돌고 돌았습니다. 부도가 나기도 하고, 사랑하는 가족을 잃어버리기도 했으며, 건강에 문제가 생기고, 교회도, 자녀의 일도 풀리지 않는 고통과 괴로움의 나날을 보내게 됐습니다.

남을 판단했더니 내가 판단을 받고, 남을 정죄했더니 내가 정죄함을 당한 것이었습니다. 지금 생각해 보면 아찔합니다.

"진실로 너희에게 이르노니 무엇이든지 너희가 땅에서 매면 하늘에서도 매일 것이요 무엇이든지 땅에서 풀면 하늘에서도 풀리리라"(마 18:18).

그런데 어느 날 야고보서 4장 12절, **"너는 누구관대 이웃을 판단하느냐!"** 는 하나님의 말씀이 들려온 후, 입을 쳐서 복종시키면서 순교의 정신으로 남의 허물을 말하지 않으려고 노력했고, 지금도 그렇게 하고 있습니다. 어느 정도 입의 말이 제어되기까지 약 8개월의 시간이 걸리게 됨도 밝혀 둡니다.

그때부터 **"여호와여 내 입 앞에 파수꾼을 세우시고 내 입술의 문을 지키소서"**(시 141:3)라는 이 말씀을 날마다 빼지 않고 읊조리고 있습니다.

그런가 하면 하나님은 내가 잘못한 분들에게 다 찾아다니면서 용서를 빌게 하셨습니다.

"허물을 덮어 주는 자는 사랑을 구하는 자요 그것을 거듭 말하는 자는 친한 벗을 이간하는 자니라"(잠 17:9).

거친 말이 제 입에서 줄어들면서 점점 멋진 말을 하기 시작했습니다. 결과로 부드러운 삶이 저를 찾아오기 시작했습니다. 그리고 지금은 참 행복합니다.

"말을 항상 신중하게 하라. 세 마디 듣고 한 마디만 하라."
"칭찬에 발이 달려 있다면 험담에는 날개가 달려 있다."

(3) 성경 말씀에 반하는 말을 하는 것이 거친 말이다

이 부분이 거친 말 중의 가장 중요한 핵심 포인트입니다.
하나님은 이러하다고 말씀하시는데 나는 저러하다고 말하고, 하나님은 저러하다고 말씀하셨는데 나는 이러하다고 하나님의 말씀에 반대되는 말을 하는 것입니다. 에덴동산의 사건으로 돌아가 봅시다. 선악과를 먹으면 '반드시 죽는다'고 하나님은 말씀하셨는데, 하와는 '죽을까 하노라'고 왜곡되게 말했습니다.
결과가 어떻게 되었는지 우리는 잘 압니다. 하나님의 말씀에 불순종하는 말을 하는 것이 거친 말입니다. 신앙인들 가운데에 이것이 거친 말이라는 사실을 아는 이가 얼마나 되는지 잘 모르겠습니다.

우리가 잘 아는 대로 가나안을 정탐한 열두 명의 정탐꾼 중 열 명은 하나님의 말씀에 반하는 말을 했습니다(하나님은 분명히 창세기 15장에서 가나안을 이스라엘에게 주신다고 말씀하셨습니다).
두 명, 곧 여호수아와 갈렙은 하나님이 말씀하신 그대로의 말

했습니다. 열 명은 거친 말을 한 것이고, 두 명은 멋진 말(부드러운)을 한 셈입니다.

그 결과 거친 말을 한 열 명을 비롯하여 그 말이 옳다고 동조한 사람들은 거친 광야를 벗어날 수 없었으며, 두 사람을 비롯하여 광야에서 태어난 새로운 세대들만이 가나안에 들어갈 수 있었습니다. 그래서 말이 거칠면 인생이 거칠다는 것입니다.

"나 여호와가 분명히 말하지만 함께 모여 나를 거역하는 이 악한 백성에게 내가 말한 것을 반드시 행하겠다. 그들은 이 광야에서 다 죽어 없어질 것이다"(민 14:35, 현대인의성경).

말의 위험성과 중요함을 알고 깨달은 사람은 그 어떤 일이 삶에 닥쳐온다 할지라도 함부로 입을 열지 않습니다. 내 영혼에 유익되지 못하고, 가정과 사회와 교회에 유익되지 못하는 말을 함부로 할 수 없는 것입니다.

다니엘은 사자 앞에서도 하나님께 감사와 찬양하는 멋진 말만 했고, 사드락, 메삭, 아벳느고는 풀무불 속에서도 원망하지 않고 하나님이 구해 주시지 않을지라도 불 속에 들어가겠다고 말했기 때문에 그 고백대로 그 말의 결과가 능력이 되어 불 속에서 건짐을 받고 이 시간까지 많은 하나님의 백성들에게 용기와 영감을 주고 있는 것입니다.

(4) 거짓말 또한 거친 말이다

〈조선일보〉에 16년 동안 칼럼을 연재한 이규태 씨의 글 중 1986

년 1월 8일에 실린 내용입니다.

거짓말 콘테스트

어느 날 섭공(葉公)이 공자에게 세상 이야기를 했다. 자기 동네에 정직하기 이를 데 없는 궁(躬)이라는 사나이가 있는데 자기 아버지가 남의 집 양을 훔친 것을 관가에 고발할 정도라고 극구 찬양했다. 이에 공자는 자식은 아버지의 허물일랑 거짓말을 해서라도 숨겨 주는 것이 정직한 것이라고 가르치고 있다.

부모나 남편이나 스승이나 상전의 죄를 거짓으로 숨겨 주는 것을 '용은'(容隱)이라고 합법화, 당나라에서는 이를 제도화했으며, 우리나라에서도 이 제도를 도입하고 있다. 인조(仁祖)는 대역을 음모한 남편을 고발한 첩에게 오히려 큰 벌을 내리고, 관전(官錢)을 훔친 아버지의 죄를 이실직고하라고 고문을 가한 사건을 책임 지워 정승판서를 파면시키고 있다.

우리 전통사회에서 용납되고 장려된 거짓말로 용은 말고도 '규은'(閨隱), '환은'(患隱)이 있어 도합 삼은(三隱)이라 불렀다. 여자가 밉더라도 예쁘다고 말해 주고, 여자가 늙어 보여도 젊어 보인다고 말해 주는 거짓말이 규은(閨隱)이요, 암환자에게 병을 속이듯 불치의 환자에게 불치가 아니라고 하는 거짓말이 환은(患隱)이다. 아름다운 삼은(三隱)이 아닐 수 없다.

남에게 해를 끼치지 않는 거짓말을 라틴어 계통에서는 하얀 거짓말이라고 한다. 이 하얀 거짓말을 즐기는 우리 습속으로 '파수희'(破睡戲)라는 게 있었다. 졸음을 깨는 놀이란 뜻으로 일종의 거짓말 콘테스트다. 이 콘테스트에서 장원한 거짓말만을 엮은 필사본을 본 일이 있다.

그 가운데 "우리 집 개는 금목걸이를 하고 있다"는 아버지의 거짓말을 옆에서 아들이 변명하는 이야기가 있었던 기억이 난다. 어머니가 바람을 피우고 개구멍으로 들어오다가 나뭇가지에 걸려 빠뜨린 금목걸이가 따라 들어오던 개의 목에 걸렸을 뿐이라고. 이처럼 한국의 하얀 거짓말들은 약간 불그레한 핑크 빛깔이다.

미국에서도 매년 연초마다 세계거짓말대회가 열리는데, 이 거짓말 콘테스트에서 장원을 한 거짓말들은 우리의 거짓말보다 대체로 싱겁다.

"전국의 여러분에게 알립니다. 제3차 대전은 비가 오기 때문에 중지하기로 했습니다"(75년도 장원), "모나리자의 미소는 무릎에 얹어 놓고 훔쳐보고 있는 만화가 원인이다"(80년도 장원) 따위다.

지난 2일에 열린 56차 대회에서는 오클라호마의 한 여인이 장원을 했는데, "작년에 바람이 몹시 불어 우리 집 정원에 비치는 햇볕을 날려 버렸기로 토마토가 익지 못했다"는 것이었다. 싱겁기 그지없다. 하얀 거짓말이야 싱거운들 어떠랴. "어떻든 문제는 우리 주변에 난무하는 거짓말에 있다"고 질책하고 있다.

사람들은 거짓말을 별 양심의 가책 없이 사용하고 있습니다. 하지만 어찌 됐건 거짓말을 해서는 안 됩니다. 거짓말은 하나님의 말씀에 역행하는 행위이며, 우리가 사는 세상을 때로는 혼란에 빠뜨립니다.

요즘 SNS를 달구는 가짜 뉴스가 얼마나 많은지 모릅니다. 또 보이스피싱으로 수많은 사람들을 곤경에 빠뜨리기도 합니다.

코로나가 주춤하는가 했더니 이태원에서 다시 일어나기 시작했습니다. 그런데 그 클럽을 다녀온 인천의 어느 학원 선생이 자기는 그

곳에 가지 않았다고 거짓말을 했습니다. 결과로 초기 방역에 실패하여 수많은 사람을 감염시켜 다시 세상을 긴장시키고 있습니다. 통신을 추적하여 찾아서 검진 결과가 나타나니 또 거짓말을 했습니다. 자신은 무직이라고···.

그 선생은 과연 아이들에게 무엇을 가르치는 사람이며, 진실은 어디서부터 어디까지일까요? 사회 전반에 팽배한 불신과 어두움의 단면이 아닌가 하는 생각이 들어 씁쓸합니다. 서로 믿고 신뢰하는 거짓 없는 세상은 이 땅에서는 과연 불가능한 것일까요···?

하나님은 못하실 것이 없는 전능자이시지만 딱 하나 못하시는 것이 있으니 그것은 곧 거짓말을 못하신다는 것입니다.

"너희는 너희 아비 마귀에게서 났으니 너희 아비의 욕심을 너희도 행하고자 하느니라 저는 처음부터 살인한 자요 진리가 그 속에 없으므로 진리에 서지 못하고 거짓을 말할 때마다 제 것으로 말하나니 이는 저가 거짓말쟁이요 거짓의 아비가 되었음이니라"(요 8:44).

이 거짓의 아비인 마귀는 에덴에서 인류의 시조인 '아담과 하와'를 속여 하나님을 떠나게 하고, 인류에게 죄와 질병, 가난과 저주를 가져다준 장본인입니다.

거짓말은 마귀가 우리 입에 뿌려 놓은 가라지입니다. 이것 때문에 우리 입에서 가라지 같은 거친 말, 곧 거짓말이 나오는 것입니다. 삼가 경계하고 조심해야 할 일입니다.

사람들 가운데 뻔히 보이는 거짓말, 곧 들통이 나 곤욕을 치르고 창피를 당하면서도 고치지 못하고 여전히 입에 침도 안 바르고 얼굴

빛 하나 변하지 않으면서 태연하게 거짓말을 습관적으로 연출하는 명연기자들(?)이 있습니다.

그가 하는 말의 거의 대부분이 거짓말이라고 해도 과언이 아닐 정도로 거짓말을 즐기는 프로 같은 사람들…. 마침내 그런 사람들의 말은 콩으로 메주를 쑨다고 해도 사람들이 믿어 주지 않아 결국은 인간관계가 어긋나고 삶이 깨어져 비극적인 인생을 마치는, 마치 이솝 우화에 나오는 양치기 소년 같은 꼴이 되고 맙니다.

성경에도 거짓의 아비인 마귀의 포로가 되어 자신의 스승인 예수님을 은(銀) 30에 팔아넘겨 주님으로부터 "차라리 태어나지 않았으면 좋았을 것을…" 하고 탄식을 들었던 사람이 있습니다. 바로 예수님의 제자 유다라는 사람입니다.

> "마귀가 벌써 시몬의 아들 가룟 유다의 마음에 예수를 팔려는 생각을 넣었더니"(요 13:2).

사탄이 유다의 생각과 마음을 장악하니 어쩔 수 없이 거짓말과 거짓 행동을 하고 말았습니다.

천하의 성군 다윗 왕도 마귀에게 속아 거짓에 붙잡히니 남의 아내를 취했다가 얼마나 혹독한 대가를 치렀는지 모릅니다. 우리 모두 거짓에 대해 삼가 조심하고 경계해야 할 것입니다.

특히 말이 많은 사람은 하는 말의 대부분이 남의 말이라 정작 본인은 무슨 뜻인지도 모르고 있습니다. 진실된 것은 말로 포장할 필요가 없습니다. 듣는 사람이 말하는 사람보다 무식하면 모든 것이 옳은 소리(말)로 들립니다.

그러니 말로 먹고 사는 사람의 말을 곧이곧대로 다 믿지 마세요.

인간은 자기 자신도 잘 모릅니다. 다만 자신의 마음속에 품은 생각을 말로 표현할 수 있을 뿐입니다. 거짓말이야말로 거친 말 중의 거친 말이라는 것을 명심했으면 합니다.

말이 내 입 안에 있을 때에는 내가 그 말을 '컨트롤' 할 수 있지만 입 밖으로 나오는 순간 그 말이 내 삶을 '컨트롤'하기 시작합니다. 이것이 말의 본질이기도 합니다. 그래서 그 사람 입에서 나오는 말이 그 사람의 인생을 만드는 것입니다.

"하나님이여 내 속에 정한 마음을 창조하시고 내 안에 정직한 영을 새롭게 하소서"(시 51:10).

"당신의 입이 바로 당신의 그릇이고, 당신의 말이 당신의 인격이다."

"거짓 증인은 벌을 면치 못할 것이요 거짓말을 내는 자도 피치 못하리라"(잠 19:5).

2) 멋진 말(부드러운 말)이란?

한마디로 정의한다면 거친 말은 '남을 죽이는 말'이고, 멋진 말이란 '남을 살리는 말'입니다.

거친 말의 대표적인 것은 위에서 밝혔습니다. 그러면 멋진 말은 과연 어떤 말들일까요? 한마디로 표현하면 살리는 말은 좋은 영향력을 끼치는 멋진 말입니다. 예컨대,

"사랑해."

"고마워."

"즐거워."

"행복해."

"축복해."

"너는 할 수 있어."

"멋있어."

"용서해."

"탁월하십니다."

"건강하세요."

"갈수록 잘되십시오." 등

상대에게나 나에게 좋은 에너지를 주고 축복하는 말이 살리는 말입니다. 다시 말해 살리는 말은 긍정적인 말입니다. 이 멋진 말의 실제에 대해서는 이제부터 자세히 다루도록 할 것입니다. 아무쪼록 당장은 손해가 날지 몰라도 '정직한 자의 형통'(잠 15:19)을 굳게 믿고서 진실하게 말하는 습관을 길러야 하지 않을까 생각합니다.

"경우에 합당한 말은 아로새긴 은쟁반에 금사과니라"(잠 25:11).

3.

말에는 어떤 비밀이 숨어 있는가?

1) 말에는 사람을 죽이기도 하고 살리기도 하는 비밀이 있다

(1) 세 치 혀가 사람을 죽이기도 하고 살리기도 한다

몇 해 전, 서울에 사는 중학교 2학년 여학생이 학교 옥상에서 떨어져 자살하는 일이 있었습니다. 친구들은 "너는 인생 불량품이다", "너는 너무 못생겨서 그 얼굴 가지고 어떻게 삶을 살 수 있겠니?"라는 말로 이 여학생을 자주 놀렸다고 합니다. 이 같은 말은 감수성이 예민한 그 아이에게 비수가 되어 꽂혔습니다.

"혹은 칼로 찌름같이 함부로 말하거니와 지혜로운 자의 혀는 양약 같으니라"(잠 12:18).

그 어린 딸은 누구에게 맞아 죽은 것이 아니라, 여린 가슴을 찢어 놓는 나쁜 말, 독한 말, 비난의 칼, 곧 말에 맞아 죽은 것입니다. 친구들이 좋은 말, 위로의 말을 그 학생에게 사용했더라면 한 생명을 구할 수 있었을 것입니다. 세 치 혀가 사람을 죽인 것입니다.

《언어의 온도》의 저자 이기주 씨는 말이나 글에도 온도가 있다고 했습니다. 온도가 따뜻한 말이 있고, 온도가 차가운 말이 있다는 것입니다. 다음은 《언어의 온도》의 한 부분을 발췌한 것입니다.

우리가 하는 말이 어떻게 구성되어졌나요?
'긍정의 힘, 내가 먼저, 우리 함께. 팀워크, 솔선수범, 미래, 희망, 꿈, 시간 관리, 준비성, 하면 된다, 사랑, 비전, 목표의식, 계획, 희생정신, 사명감, 의욕, 열정, 도전의식, 모험, 기업가 정신, 창조적 사고, 동기부여, 실행, 적극적 행동, 안 되는 것은 없다.'
'겸손, 양보, 세계를 향한 큰 포부, 철저한 자기개발, 의지, 가족 사랑, 신뢰와 봉사정신, 독서능력, 안정적 사고, 규칙적인 생활, 모범이 되는 행동과 양식' 등 주로 이런 긍정의 말을 사용하나요?
아니면 나는 못해, NO, 부정적 사고방식, 원망 불평, 의욕 없음, 왜 내가 해야 하지?, 제 일이 아닌데요, 포기, 좌절, 나락, 고통, 고난, 무사안일주의, 불규칙적인 생활, 나태함과 게으름, 마지못해 함, 월급만 받으면 돼, 월급 이상으로는 일 안 한다.
내가 뭐 사장인가?, 불신, 잘난 척하기, 왕따, 모난 톱 되기, 내일로 일 미루기, 책임감 없음, 희망 없음, 하루살이 인생, 이웃과 단절된 삶 등 부정적인 양상으로 구성되어 있지는 않는지요? 어떻게 구성되어 있는가를 살펴볼 필요가 있습니다.

말에는 따뜻함과 차가움, 적당한 온기 등 나름의 온도가 있습니다. 세상살이에 지칠 때 어떤 이는 친구와 이야기를 주고받으며 고민을 털기도 하고, 어떤 이는 책을 읽으며 작가가 건네는 문장으로 위안을 얻습니다.

이렇듯 '언어'는 한순간 사람의 마음을 꽁꽁 얼리기도, 반대로 그 꽁꽁 얼어붙었던 마음을 녹여 주기도 합니다. 이것이 또한 말이 가지고 있는 속성이며 언어의 온도차입니다.

부모가 아이에게
"엄마(아빠)는 언제나 널 믿는단다."
"네 웃는 얼굴이 최고야."
"참 좋은 친구들을 두었구나."
"초조해하지 마라. 잘될 거야."
"우리 조금 느긋해지자."
"귀를 기울여 보렴."
"참 신기하구나."
"예쁜 것을 보니 마음이 좋구나."
"참 행복하구나."
"너 자신을 믿으렴."
"잘했어."
"괜찮아."
"고맙습니다."
"네가 착해서 좋아."
"너는 소중하단다."
"힘들면 도와줄게."

"잘못은 누구에게나 있어."
"네 안에 보물이 있어."

참으로 따뜻하고 멋진 말입니다. 이런 말을 듣고 자란 아이는 긍정적인 영향을 받아 반드시 긍정적 아이로 성장하게 됩니다. 이 따뜻한 말은 그 아이가 따듯한 기운을 받아 잘 자라는 농작물과 같은 효과를 주는 셈입니다. 이것은 사람을 살리는 말이요, 또한 멋진 말입니다.
그런데 반대로 차가운 말이 있습니다.

"너는 왜 맨날 그 모양이냐."
"네가 잘하는 게 뭐가 있어."
"왜 공부 안 하고 놀기만 하냐."
"싹수가 노랗구나."
"이 ○할 놈."
"네 친구들은 다 그렇게 문제아들뿐이냐."
"한심하다, 한심해."
"꼴 보기 싫으니까 나가 버려."

이런 차갑고 부정적인 말을 듣고 자란 아이들이 어떻게 건강하고 긍정적인 아이로 자랄 수 있겠습니까? 반드시 문제아를 만들고 말 것입니다. 이것은 사람을 죽이는 말이요, 또한 거친 말입니다."

말에 감춰져 있는 비밀입니다. 짜증 섞인 말보다, 좋은 말을 습관적으로 할 필요가 있습니다.

(2) 말에는 세우기도 하고 무너뜨리기도 하는 힘이 있다

지그문트 프로이트의 이야기입니다. 그는 어느 성당에서 주일미사를 돕고 있는 티토라는 소년을 만났습니다. 그 소년은 심부름을 하다가 그만 포도주 잔을 떨어뜨렸습니다. 당황하여 어쩔 줄 모르는 소년을 향해 신부는 화를 내면서, "앞으로 다시는 제단 앞에 나오지 말고 꺼져 버려"라고 소리쳤습니다.

반면, 또 다른 성당에서 역시 미사를 돕던 쉰이라는 소년이 성찬용 포도주 잔을 떨어뜨렸습니다. 그러나 신부는 울음을 터뜨릴 것 같은 소년을 애정의 눈으로 바라보면서 따뜻하게 위로했습니다. "괜찮다, 일부러 그런 것도 아닌데…. 나도 실수가 많았지만 신부가 되었단다. 너도 커서 신부가 되겠구나."

훗날 비난을 받았던 티토는 종교를 아편으로 규정한 공산주의 지도자 유고슬라비아의 대통령이 되었고, 위로를 받았던 쉰은 대주교 풀톤 쉰이 되었습니다.

이렇게 말에는 세우기도 하고, 무너뜨리기도 하는 엄청난 힘이 있습니다. 그래서 말의 위험성을 아는 자는 그 어떤 일이 삶에 닥쳐온다 할지라도 함부로 입을 열지 않습니다. 내 영혼에 유익되지 못하고, 가정이나 교회, 그리고 사회에서 유익되지 못한 말을 함부로 할 수 없는 것입니다.

한번 지나가면 다시는 돌아오지 않는 세 가지가 있습니다. 그것은 ① 잃어버린 기회와 ② 시위를 떠난 화살과 ③ 입에서 나온 말입니다. 그중 가장 무서운 것이 말입니다.

격려와 기쁨의 말은 사람들에게 용기와 행복을 주지만 저주와 비난의 말은 한 사람의 신용과 명예를 일시에 무너뜨립니다.

개구리가 뱀에게 발각돼 잡아먹히는 것은 시끄러운 울음소리 때문입니다. 꿩의 울음소리는 사냥꾼의 표적이 됩니다. 물고기는 입으로 낚입니다.

말에 관심을 가지고 나름대로 공부하다 보니 그 사람의 지금의 삶의 모습을 보면 그의 지난 과거를 알 수 있는 지각이 조금 열리게 되었습니다.

어느 해엔가 우리 교회 성도 중 한 분이 나주에 있는 모 요양병원에 입원해 계셔서 심방차 병원을 방문하게 되었습니다. 그분도 말을 거칠게 함부로 하시는 분이었습니다. 그곳에서 요양하고 있는 많은 사람들을 보고 느낀 바가 있어 지은 시가 있습니다.

○○○ 실버병원

빨간 티 입은
뚱뚱한 아줌마
남의 방문을
연신 기웃거리며
기다란 복도를
몇 번이고 몇 번이고
왔다가 갔다가
갔다가 왔다가

누구를 찾는지
무엇을 찾는지
그리도 애타게
중얼중얼…

왜소한 체구의
한 남자
무표정한 얼굴로
머리와 가슴에
십자가를 긋더니
히이죽 웃는다

격에 맞지 않은
회색 옷을 걸친 아저씨
청소하다 말고
걸레를 들고
허공을 향해
무엇이라 중얼거리네
한참이나…

젠틀하게 생긴
어느 여사님
간호사 향해
내 인생을
왜 이렇게

힘들게 만들었냐고
소리소리 지르고

깨금발 치며
퍼떠득 퍼떠득 걷는
하얀 머리 아저씨보고
앉아있는 아줌마들
히죽히죽

TV 앞에 있는
이들도
컴퓨터로
마작, 화투,
카드놀이를 하는 이들도
하나같이
영혼 없는
무표정한 마네킹

유일한
희망이라도 찾은 듯
한 아버지
면회 온 딸을 붙들고
그리워 그리워하네

아!

기쁨도
희망도 잃어버린
막장 인생
여기서 저들은
한 많은 생을
마감하는가…?

하지만 한 가닥
희망의 불빛 있으니
저들의 육체와
영혼을 치료하느라
불철주야 수고하시는
선한 사마리아인

목회자와
의사 선생님
간호사
요양보호사
그리고 직원들
함께하시는
돕는
천사들이 계심이라

2014년 12월 16일
강암 임판석 목사

註: ○○○병원에 입원해 있는 성도 환우를 심방하려고 갔다가 현장의 모습을 스케치하며 건강할 때 저분들은 무슨 말을 즐겨 하며 살다가 여기에 오셨을까 생각하다가 말의 결론을 보는 것 같아 아픈 마음을 글로 표현해 보았습니다.

현재의 내 모습은 지난날 내가 말하고 살았던 결과이며, 지금부터 내가 얼마나 멋진 말을 할 것인가, 얼마나 거친 말을 할 것인가에 따라 또 새로운 내일이 결정되는 것입니다. 말대로 되고, 말대로 삽니다.

다니엘은 사자 앞에서도 하나님께 감사하며 찬양하는 말만 했고, 사드락, 메삭, 아벳느고는 풀무불 속에서도 원망하지 않고 하나님이 구해주시지 않을지라도 불 속에 들어가겠다고 말했기 때문에 그 고백대로 그 말의 결과가 능력이 되어 불 속에서 건짐을 받고, 이 시간까지 많은 하나님의 백성들에게 용기와 영감을 주고 있는 것입니다.

많은 사람들이 지금 자신의 생각을 통하여, 자신의 입술을 통하여 장난치는 교묘한 마귀의 파괴 작전을 생각지도 않고 그대로 사용함으로 금생과 내세의 상급을 잃어버리고 맙니다.

좀 심하게 얘기하면, 변화되지 않은 성도가 하루를 살면서 하는 생각과 말의 60~70%가 거의 마귀의 조종에서 나온다는 사실을 알고 있는 사람이 과연 몇이나 될까요?

그러므로 사도 바울은 **"우리의 씨름은 혈과 육에 대한 것이 아니요 정사와 권세와 이 어두움의 세상 주관자들과 하늘에 있는 악의 영들에게 대함이라"**(엡 6:12)고 분명히 영적 싸움의 실상을 밝히고 있습니다.

우리 마음속에 떠오르는 생각에는 세 가지가 있습니다. ① 나의 생각, ② 하나님 생각, ③ 마귀의 생각, 이렇게 세 가지입니다.

이 세 가지의 생각이 항상 우리의 마음을 차지하려고 기회를 찾고 있습니다. 우리의 마음에, 머리에 갑자기 떠오르는 생각이 다 내 생각이 아닙니다. 갑자기 떠오르는 생각을 점검도 하지 않고 그 생각대로 사람을 찾아가거나 전화를 하지 마세요.

그 생각이 생명을 살리는 생각이면 다행이지만 만약 적에게서 나온 생각이라면 그 행하는 대로 불화가 있게 되고, 창피를 당하게 되고, 능력을 잃게 됩니다. 말과 생각을 늘 점검해서 내 영혼에 유익이 되는 것을 판단해서 사용해야 합니다.

영적 싸움의 중요한 법칙은 **"새가 내 머리 위를 지나가는 것은 막을 수 없지만 내 머리 위에 둥지를 짓는 것은 막을 수 있다"**는 루터의 말처럼 우리 속에 일차적으로 생각이 들어오는 것까지는 아직 죄짓는 것이 아닙니다.

그것은 나의 통제 밖에 있는 것입니다. 그러나 내 머릿속에 들어오는 생각을 무조건 내 것인 것처럼 받아들여 말을 하고 사용하게 되면, 이는 내가 한 것이 되고 죄를 짓는 것입니다.

많은 사람들이 여기에 속아서 '왜 나는 이런 좋지 않은 마음이 늘 따라다닐까' 하고 괴로워하고 이것이 심하게 되면 정신분열증, 강박관념, 완벽주의, 결벽주의로까지 나아가 현실에 똑바로 맞서지 못하고 누가 와서 도와주기를 바라며 삶의 그늘진 곳에서 어두운 생활을 하게 되는 것입니다.

우리의 마음속에 아무리 미움이 들어온다고 할지라도 그것은 일차적으로 우리 자신의 생각과 구별시켜서 **"마귀야, 너의 생각과 내 생각은 다르다. 예수 이름으로 물러가라"**고 해야 합니다.

이렇게 꾸짖고 쫓아냈는데도 계속 그 생각이 들어오면 그때부터는 그것을 무시하고 그 초점을 건강한 일로 돌리면 마귀는 더 이상 속이지 못할 것을 알고 물러가기 시작합니다.

자신의 몸에서 악한 감정이 치솟아 오르게 하니까 자신이 하는 것으로 착각하고 속아 그대로 상대방을 향해서 돌진하고 함부로 말을 함으로 인간관계가 파탄이 나고 맙니다.

그러나 하나님 안에서 사람과 사건을 통하여 연단된 사람은 그 모든 실상을 잘 알고 있기 때문에 성령의 통찰력 안에서 태풍 속의 눈처럼 평안한 마음을 갖고, 상대방이 빨리 혼란된 정신의 소용돌이 속에서 빠져나올 수 있도록 최고의 유순하고 부드러운 말로 상황을 진정시킵니다.

그러면 마귀의 작전이 수포로 돌아가고 맙니다. 그래서 성경은 **"유순한 대답은 분노를 쉬게 하여도 과격한 말은 노를 격동하느니라"**(잠 15:1)고 말씀하고 있습니다.

부부 싸움은 사소한 일로 시작되지만 그것으로 인한 파괴력은 능히 심령을 죽이고 가정을 무너뜨리는 데까지 나아가게 합니다.

요한복음 10장 10절을 보면, "도적이 오는 것은 도적질하고 죽이고 멸망시키는 것뿐이요"라고 나옵니다. 오늘 부부 사이를 이간시키는 마귀는 심령과 가정을 도적질해서 마침내 멸망에까지 이르게 하는 것입니다.

사랑하는 두 사람 뒤에서 이렇게 공중 권세를 잡은 자가 시간마다 시비를 조장하려고 기다리고 있다는 사실을 알게 된다면, 거기에 휩쓸리지 말아야 합니다.

상대방이 어떤 이유와 내용을 가지고 시작하더라도 싸움 뒤에 가정에 닥치는 무서운 파괴를 두려워한다면, 이유를 따지지 말고 일단 그 자리를 피해야 하는 것입니다.

아니면 그 자리에서 최대한 화평의 분위기를 만들어야 합니다. 물론 영성이 고도로 계발된 사람은 그 자리에서도 다스릴 수 있습니다. 그렇다면 부부 싸움이 시작될 때 누가 먼저 참아야 할까요?

기도하는 사람, 신앙이 좋은 사람이 먼저 참아야 합니다. 부부 싸움은 두 사람의 심적 상태나 영적 상태가 똑같기 때문에 일어나는 것입니다.

오늘날은 하늘의 기회를 땅의 것으로 바꾸는 안타까운 시대가 되었습니다. 그 결과 능력이 없는 것은 당연합니다. 인생의 모든 불행은 자기중심적일 때 만 가지 불행이 오고, 하나님 중심적인 말과 생각과 감정을 가지면 평안과 형통함이 옵니다. 범사에 위에 계신 분의 눈치를 살피며 살아가는 조심스런 하나님의 백성들이 되면 좋겠습니다.

그렇게 될 때 이때까지 삶을 살면서 한 번도 체험해 보지 못했던 기쁨과 능력이 충만한 하늘의 보석과 같은 고귀한 삶이 그 앞에 펼쳐지게 될 것입니다.

(3) 말에는 사람에게 소망을 주기도 하고 절망을 주기도 하는 비밀이 있다

"매 맞은 상처는 며칠이면 없어지지만, 말로 맞은 상처는 평생을 간다"는 속담이 있습니다. 하지만 그와 반대로 좋은 말 한 마디 때문에 인생을 역전시킨 사람도 있습니다.

그녀가 바로 가수 인순이 씨입니다. 그녀는 흑인인 미국인 아버지

와 한국인 어머니 사이에서 태어났습니다. 가정 형편이 어려워 중학교밖에 졸업하지 못했습니다. 먹고 살기 위해서 미군 부대에서 어릴 때부터 노래를 불렀는데, 그녀는 자신의 출신성분으로 인해 많은 어려움을 겪었습니다.

가수 데뷔 초기, 그녀는 출중한 노래 실력에도 불구하고 혼혈인이라는 이유로 TV 출연 거부를 당했습니다. 국가대표로 '가요제'에 참가할 기회를 놓치기도 했습니다. 다른 사람보다 월등한 실력이 있음에도 혼혈인이란 이유 하나로 무시당하고 불이익을 당하는 삶이 반복되었습니다.

그로 인해 그녀는 한동안 우울증에 시달리며 지내야 했습니다. 그때 선배 가수 언니 한 명이 인순이 씨를 볼 때마다 입버릇처럼 해준 말이 있었습니다.

"하나님은 너를 보고 계신다. 하나님은 네 편이시다.
넌 앞으로 하나님 때문에 큰 사람이 될 거야!"

이 멋진 말 한마디가 그녀에게 암흑 같은 세상 속 소망의 빛이 되어 주었습니다. 선배 언니로부터 그런 축복의 말을 자주 듣다 보니 그 말은 그녀의 신앙, 비전, 철학, 인생의 목표가 되었으며, 그 힘든 시간을 잘 견뎌내는 에너지가 되었습니다. 그리고 그녀는 지금 대한민국에서 성공한 가수가 되었습니다.

그런 그녀가 "나는 가수다"라는 프로그램에서 "아버지"라는 노래를 부른 적이 있습니다. 그녀에게 아버지는 누구입니까? 자기를 버린 비정한 아버지이며, 자기를 돌봐주지 않은 잔인한 아버지입니다. 자기에게서 가정의 행복을 빼앗아 버린 무책임한 아버지입니다.

하지만 그는 그런 아버지를 생각하며 축복의 노래를 불렀습니다. 그가 "아버지"란 노래를 부를 때, 그 노래를 들은 모든 사람들이 눈물을 흘리며 큰 감동을 받았습니다.

> ♪ 한 걸음도 다가설 수 없었던 내 마음은 알아주기를
> 얼마나 바라고 바래 왔는지 눈물이 말해 준다
> 점점 멀어져 가버린 쓸쓸했던 뒷모습에
> 내 가슴이 다시 아파 온다
> 가까이에 있어도 다가서지 못했던 그래 내가 미워했었다
> 긴 시간이 지나도 말하지 못했었던 그래 내가 사랑했었다

이 노래를 다른 사람이 불렀다면 이런 감동은 없었을 것입니다. 그런데 아버지에 대한 상처와 아픔이 있었던 인순이 씨가 불렀기 때문에 이런 감동이 있었던 것입니다.

자칫 잘못했으면 인생을 포기할 뻔했던 인순이 씨를 살게 하고 견디게 했던 것은 선배 언니가 사용한 멋진 말, 곧 축복의 언어였습니다. 바로 말 한마디가 인생을 역전시키는 삶의 원천이 되었습니다. **"하나님은 너를 보고 계신다. 하나님은 네 편이시다. 넌 앞으로 하나님 때문에 큰 사람이 될 거야!"**라는 긍정의 말과 희망의 말, 멋진 말을 사용한 선배 언니의 멋진 말의 힘이 오늘날 인순이 씨를 존재하게 했습니다.

그러니 이 글을 읽는 독자 여러분! 오늘 집에 가면 당신에게 상처를 주고 아픔을 주었던 사람에게 용서의 말, 화해의 말, 사랑의 멋진 말을 한번 건네 보세요. 잘 안 되지만, 힘들지만 그런 말을 해보세

요. 당신의 상한 마음에 기쁨과 치유와 자유함이 생길 것입니다.

말 속에는 다른 사람에게 소망을 주기도 하고 절망을 주기도 하는 큰 비밀이 숨어 있습니다. 그러니 상황이 어렵고 힘이 들수록 좋은 말과 긍정의 말, 그리고 소망의 말과 축복의 말, 믿음의 말을 많이 사용하라는 것입니다. 자, 따라 해봅시다.

"하나님은 내 편이시다!"
"하나님, 감사합니다!"
"나는 건강하다!"
"나는 행복하다!"
"우리 가정도 행복하다!"
"나는 영육 간에 부자다!"
"나는 갈수록 잘된다!"
"우리 아이들도 갈수록 잘되고 좋은 일만 있을 것이다!"

막힌 인생의 문제를 풀어 주는 돌파구, 그것은 바로 당신의 입에서 나오는 '멋진 말'입니다.

말에는 그 사람의 정서, 감정, 의지, 철학, 미래, 신앙이 들어 있습니다. 그래서 당신이 내뱉는 말은 곧 '당신의 미래'가 되고, '돌파구'가 됩니다. 망가진 인생을 살 것인가, 아니면 형통한 인생을 살 것인가는 내 입술이 결정합니다.

"생각을 조심하라. 말이 된다.
말을 조심하라. 습관이 된다.
습관을 조심하라. 성격이 되고 운명이 된다.

말이 씨가 된다!"

(4) 말에는 환경과 상황을 변화시키는 강력한 힘이 있다

제 부모님은 참으로 유순한 분들이셨습니다. 평생에 남에게 피해를 주거나 해를 끼치는 말을 하시는 것을 들은 적이 없습니다. 그런데 저는 말이 거친 편입니다. '왜 그런가?' 하고 생각해 보니, 중학교 과정을 마친 후 객지 생활을 하면서 주경야독으로 거친 환경과 맞닥뜨려 살다보니 저도 모르게 그렇게 길들여진 것 같습니다.

교회에 출석하고 있었지만 주님을 만나 거듭나지 못하고 습관적으로 예배하고 기도하고 봉사하며 종교생활을 할 때는 이런 진리를 잘 몰랐습니다. 그 거친 말 습관을 고쳐야 한다는 것에 대해 생각조차 해보지 못한 채 살았던 것입니다.

하지만 성령을 체험하고 하나님을 만나고 난 후 말씀대로 살려고 나름대로 노력하며 주님의 뜻이라면 가능한 한 순종하면서 살아 보려고 하다 보니, 주변에 신앙생활을 하는 사람들 가운데 남다른 열정과 믿음을 가지고 주의 일을 하는 사람들을 자연스럽게 만나게 되었습니다.

그리고 그들과 대화하고 삶을 나누는 가운데 한 가지 풀리지 않는 의문을 발견할 수 있었습니다. 그 의문은 다름 아닌 성경의 모든 원리는 심는 대로 거두고 행한 대로 갚아 주실 뿐만 아니라 또 종류대로 거두게 하신다는 것입니다. 그런데 주님을 위해서라면 목숨까지도 버릴 수 있다는 각오로 신앙하고 있는 그들은 왜 축복의 통로가 되지 못하는 것일까요?

"스스로 속이지 말라 하나님은 만홀히 여김을 받지 아니하시나니 사람이 무엇으로 심든지 그대로 거두리라 자기의 육체를 위하여 심는 자는 육체로부터 썩어진 것을 거두고 성령을 위하여 심는 자는 성령으로부터 영생을 거두리라"(갈 6:7-8).

"이것이 곧 적게 심는 자는 적게 거두고 많이 심는 자는 많이 거둔다 하는 말이로다"(고후 9:6).

성경은 우리에게 심은 종류대로 거둔다고 말씀하고 있으며, 심은 양만큼 거둔다는 것을 가르치고 있습니다. 세상의 원리도 종두득두(種豆得豆) 종과득과(種瓜得瓜)로, 팥 종자를 심으면 팥을 거두고 오이 종자를 심으면 오이를 거둔다는 것입니다.

주님을 잘 섬기는 이들 가운데 어떤 이들은 자신은 물론 자녀들까지도 복을 받아 머리가 되며 꼬리가 되지 않고 꾸어 주는 자일지언정 꾸지 않는, 세상에 대하여 제사장 나라의 역할을 감당하며 복된 삶을 살고 있는 분들이 있는가 하면, 어떤 이들은 똑같은 열심을 가지고 주님을 위해 살고 있음에도 어떤 면에서는 더 열심인 것 같은데(물론 중심을 보시는 분은 여호와시지만), 오랫동안 본인의 삶도 힘들 뿐 아니라 자녀들까지도 잘 풀리지 않는 인생을 사는 것에 대해서 의문을 갖기 시작했습니다(거기에는 필자 자신도 자유로울 수 없음을 밝혀둡니다).

예수 잘 믿으면 이 땅에서도 복을 받고 영생을 얻지 못할 자가 없다고 성경은 말씀하고 있는데, 열심히 신앙생활을 하는 사람들 가운데 환경에서 구원받지 못하는 성도들을 보면서 의구심을 갖기 시작했다는 말입니다.

물론 하나님의 사람으로 다듬어지고 통로 되기 위해서는 자아(自我)가 처리 받아, 마치 옥합이 깨어져 향유가 흘러나오듯이 자신의 겉사람이 깨어지고 그 안에 계시는 주님이 흘러나와야만 하는 것입니다.

그렇게 주님으로 사는 자 되게 하시려고 훈련하시는 과정에선 모세나 야곱, 요셉, 다윗이나 또는 욥처럼 고난의 세월을 보내기도 합니다. 그러나 언제까지 자아처리 과정인 광야 훈련만 받다가 인생을 끝낼 것인가요?

지금 제가 예수를 믿으면 만사가 다 형통하게만 되며 꼭 그렇게 되어야 한다는 기복적인 것을 말하고 있는 것이 아니라는 사실을 이해해 주었으면 합니다.

특별한 경우엔 바울처럼 다메섹에서 주님을 만나고 난 후 결혼도 하지 아니하고 이방인의 사도로서 일평생 십자가의 길, 고난의 길을 걷다가 마지막 로마에서 순교하기까지 이 땅의 부귀나 명예 따윈 상관없이, 비록 육신은 궁핍하고 힘들지 몰라도 복음을 위하여 수고와 궁핍함을 자원하며 사는 이들도 있습니다.

우리가 예수님을 구주로 믿고 천국에 대한 소망을 가지고 살아가는 것도 이처럼 육신의 평안한 삶을 거부하고 보다 가치 있고 의미 있는 삶을 살기로 작정한 이들의 헌신과 희생을 통하여 얻게 된 것임을 잊어서는 안 될 것입니다.

성경은 이렇게 스스로 고난의 길을 자초한 분들은 눈에 보이는 축복보다 영원한 천국에서의 상급을 바라보면서 살았음을 이렇게 표현하고 있습니다. 모세에 대한 내용입니다.

"도리어 하나님의 백성과 함께 고난받기를 잠시 죄악의 낙을 누리는 것보다 더 좋아하고 그리스도를 위하여 받는 능욕을 애굽의 모든 보화보다 더 큰 재물로 여겼으니 이는 상 주심을 바라봄이라"
(히 11:25-26).

예수를 믿기로 작정하고 주님을 섬기고 나아가는 과정 속에 우리가 알든지 알지 못하든지 하나님은 당신의 자녀들을 그리스도의 장성한 분량이 충만한 데까지 이르는 선한 청지기 되게 하시려고 훈련하실 때 어려운 고난에 빠지게도 하십니다.

아브라함도 갈대아 우르에서 나온 후 모리아 산에서 이삭을 바칠 때까지는 그의 생애가 결코 순탄하지 않았습니다.

야곱도 장자권에 대한 집착 때문에 형을 속인 후 외삼촌 라반의 집에 도피하여 네 아내, 열두 아들을 얻기까지 밤에 잠도 제대로 자지 못하고 고생을 하였습니다.

얍복 강 나루에서 환도뼈가 부러지고 이스라엘이란 새로운 이름을 받았지만 그 후에도 그는 자신의 야곱 근성인 자아가 처리되고 깨어져 이스라엘이라는 이름, 즉 하나님의 통치하심으로 살아질 때까지 하나님의 훈련은 멈추지 않았음을 알 수 있습니다.

요셉도 훈련받을 때는 겉으로 보면 고난만 당하고 형통함과는 거리가 먼 사람처럼 보일 때도 있었습니다.

그러나 훈련받는 것도 때가 있고 기한이 있는데, 평생을 훈련만 받다가 생애가 끝난다면 이건 무언가 문제가 있지 않겠습니까?

"천하에 범사가 기한이 있고 모든 목적이 이룰 때가 있나니 날 때가 있고 죽을 때가 있으며 심을 때가 있고 심은 것을 뽑을 때가 있으며"(전 3:1-2).

천하 모든 일에는 그 목적이 이룰 때가 있다는 뜻입니다. 하나님이 우리를 훈련하실 때에도 시작이 있으면 끝이 있다는 말입니다. 언제까지 훈련만 받아야 한다는 말이 아니라는 것입니다.

하나님이 믿음의 사람들에게 광야의 길을 걷게 하시며 훈련하신 이유가 설명되어 있습니다.

그것은 다름 아닌 세상 사람들이야 세상이 주는 떡, 다시 말해서 세상의 것, 돈, 명예, 권력 등으로 살아가지만 하나님을 믿는 사람들은 세상의 떡으로 사는 것이 아니라 하나님의 말씀으로 산다는 것을 인정하고 동의하고 깨달을 때까지 훈련을 받아야 한다는 것입니다.

다시 말하자면 하나님의 말씀대로 순종하는 믿음, 하나님이 무슨 말씀을 하실지라도 아브라함처럼 모리아 산에서 이삭을 바치는 자리에 이르게 될 때에야 비로소 광야 훈련을 졸업하고 하나님과 친밀한 관계를 유지하며 하나님이 주시는 복을 누리며 살게 된다는 뜻입니다.

이것이 곧 고운 가루 된 자요, 골로새서 2장 11절이 말하는 육적 몸을 벗은 자요, 그리스도로 할례 된 자인 것입니다.

욥이라는 사람은 어떤 사람인가요?

"나는 단정코 너희를 옳다 하지 아니하겠고 죽기 전에는 나의 순전함을 버리지 않을 것이라 내가 내 의를 굳게 잡고 놓지 아니하리니 일평생 내 마음이 나를 책망치 아니하리라"(욥 27:5-6).

죽기 전에는 자신의 순전함을 버리지 않을 것이며, 일평생 자기가 자신을 책망할 일이 없다고 말하고 있습니다. 자기화된 신앙, 자신의 의로움과 공로의식으로 가득 차 있는 고집불통… 그런 그가 고난이라는 혹독한 환경의 연단을 통하여 자아가 파쇄되고 훈련되어 겸손한 자가 되었을 때 이렇게 말하였습니다.

"무지한 말로 이치를 가리는 자가 누구니이까 내가 스스로 깨달을 수 없는 일을 말하였고 스스로 알 수 없고 헤아리기 어려운 일을 말하였나이다"(욥 42:3).

"내가 주께 대하여 귀로 듣기만 하였삽더니 이제는 눈으로 주를 뵈옵나이다 그러므로 내가 스스로 한하고 티끌과 재 가운데서 회개하나이다"(욥 42:5-6).

자신의 순결과 의를 죽기 전에는 버릴 수 없다던 그가 비로소 고난의 풀무를 통과하고 난 후에 무지와 교만을 회개하며 귀로만 듣던 하나님을 이제는 눈으로 본다고 고백하고 있습니다. 백문이 불여일견(百聞不如一見)입니다.

대부분의 사람들은 고난의 밤이라는 환경이 방문하기 전에는 하나님을 찾지도 않을 뿐 아니라 믿으려고도 하지 않습니다. 그런가 하면 교회를 다니고 있어도 고난이 오기 전에는 인본주의 신앙의 틀을 깨지 못하고 하나님 중심의 생활은 하려고 하지 않습니다.

다시 말해 자기중심의 신앙의 틀을 깨지 못하고 주님을 나의 주인이라고 입으로는 고백하면서도 여전히 자신이 자기 주인 되어 사는 종교인의 틀을 벗지 못하고 산다는 말입니다.

필자도 지난해 무릎 수술을 하고 잘못되어 감염으로 5개월 가까이 병원 생활을 하면서 주님이 나의 주인이라고 고백은 하면서도 여전히 스스로 주인 노릇 했던 사실(내가 앞바퀴 되어 주님을 끌고 가고 있었음)을 깨닫고 얼마나 통회하며 회개했는지 모릅니다. 그 고난은 저에게 유익한 시간이었고 큰 복이 되었으며, 이 고난을 통해 '한 밑천' 잡은 셈입니다.

하나님은 때로 믿는 자를 훈련하실 때 인생 채찍, 사람 막대기를 통해서 연단하십니다. 우리는 하나님의 자아(自我) 처리를 통해 깨어지면 깨어질수록 온유한 자가 되어 하나님의 통로가 되는 것입니다.

많이 깨어지면 더 많이 하나님의 통로가 될 것이요, 적게 깨어지면 상대적으로 작은 통로일 것입니다. 우리 안에는 너무도 많은 자아(自我)들이 있습니다. 그 깨어짐은 그가 하는 말을 들어보면 알 수 있습니다.

15년 전쯤 우리 교회에서 700미터 아래에 Y교회가 새롭게 신축을 하고 있었습니다. 7층 높이만큼 올라가는데 하루가 다르게 쑥쑥 올라가는 것입니다. 저는 그 길을 통과해서 시내 '실로암'으로 출퇴근을 하고 있었습니다.

우리 교단은 아니지만 저보다 늦게 목사 안수를 받은 분이 무슨 능력이 있어서 그런가 하고 처음엔 부럽더니, 급기야 시기하는 마음으로 발전하였습니다. 세상 말로 사돈이 논을 사니 배가 아픈 격이었습니다. 교회 건축하는 현장이 보기 싫어 그 길로 가지 않고 다른 길로 돌아서 다녔습니다.

3개월 정도 되어 그 교회가 거의 완공되어 가는 어느 날 새벽에 기도를 하고 있는데 **"너는 왜 목회를 하느냐?"**고 주님이 제게 질문을 하셨습니다.

제 입에서 툭 튀어나오는 말이 **"영혼을 구원하는 일을 하려고요"** 였는데, **"그러면 너는 왜 영혼을 구원하는 교회가 세워지는데 그리도 배가 아픈 것이냐?"** 하고 또 물으셨습니다.

가만히 생각을 해보니 저 자신이 참으로 형편없는 목사가 아닌가 싶었습니다. 그렇습니다. 목사가 되어 영혼을 구원하는 사역을 하고 있다고 하면서 죽어가는 영혼을 구원할 하나님의 교회가 이 땅에 세워지는데 시기하고 있다니, 말이나 될 일인가요?

하나님의 말씀을 듣고 내가 왜 이러고 있나 하고 내 안을 들여다봤더니 내 안에 남이 잘되면 시기하고 배 아파하는 자아(自我)가 있는 것을 발견하게 되었습니다.

내 안에 감춰져 있어서 내가 모르고 있던 이 자아를 발견하게 해주신 하나님께 먼저 감사하고 난 다음 철저하게 회개하고서 **"하나님, 저 교회가 건축하는 데 어려움이 없도록 축복해 주십시오"** 하고 말했더니 너무도 자연스럽게 그 교회가 세워져 가는 일이 자랑스럽고 대견하여, 그 길을 지날 때마다 자동차 안에서 무탈하게 교회가 세워져서 생명을 구원하는 방주의 역할을 하게 해달라고 기도하곤 했습니다.

신기한 것은 그 시기하는 자아가 깨어지고 처리된 이후로 어느 곳에서 어떤 교회를 보아도 더 부흥하고 잘되게 해달라는 기도가 자연스럽게 나오는 것입니다.

결코 시기해 본 적이 없습니다. 말의 능력이 곧 제 안에 잠재해 있는 시기하는 자아를 처리한 것입니다. 얼마나 대단한 힘입니까?

만약에 남이 잘되는 것 때문에 배가 아파 잠 못 이루고 불면증에 시달리다 우울증으로 진행이 된다면 누가 손해겠습니까? 시기하고 배 아파하고 불평하며 저주의 말을 한다고 그 상대가 이유 없이 잘 못될 수 있겠습니까?

다만 진리로 행하지 않고 육신으로 행하고 있어 그리스도의 장성한 분량에 이르지 못하며, 주님을 기쁘시게 해야 할 자신이 오히려 근심케 하는 자가 되어 영육 간에 유익되지 못한 채 광야를 맴돌 뿐입니다.

긍정적인 말, 믿음의 말을 하기 시작하면서 제 주변의 환경과 상황이 좋은 쪽으로 자꾸자꾸 변하기 시작했습니다. 갈수록 잘되어 가고 있는 것을 제 눈으로 보고 느낄 수가 있었습니다.

(5) 말에는 자아를 깨뜨리는 강력한 힘이 있다

■ 먼저 자아는 어떻게 만들어졌는가?

자아는 자기 뜻대로 살고자 하는 욕망입니다. 그렇다면 그 자아는 어떻게 해서 형성되었을까요? 자아가 무슨 큰 잘못을 저질렀기에 하나님과 원수가 된다고 하는 것일까요? 자아는 원래 하나님의 계획에는 없던 성품이요, 있어서는 안 되는 속성입니다.

인생의 주체와 실체는 영원히 불변하시는 하나님께서 친히 창조하셔서 인생 각자에게 집어넣으신 거룩한 영입니다. 이 영의 부분이 하나님께서 원래 인생을 통하여 신의 성품을 나타낼 수 있는 출구였습니다.

하나님께서 인생을 행복하게 만들고자 의도하셨던 곳도 바로 이 영이요, 강건하게 만들고자 하셨던 곳도 이곳이요, 인생의 모든 아름답고 고귀한 성품들이 오직 이 영을 통하여 흘러가도록 의도하셨던 것입니다.

그런데 우리는 이 땅에 태어나서 지각이 생성되기 시작한 그 순간부터 객관적인 대상과 환경에 대한 의식이 형성되어 그 모든 것에 대한 선입관념과 고정관념으로 판단하고, 저울질하고, 비교하고, 비판하고, 원하고 바라는 쪽으로 서서히 자신의 성, 곧 자아가 형성되고 마침내 고착화되어 버린 것입니다.

성령에 의하여 인도되고 하나님의 말씀에 통제받는 영혼만이 하나님의 자녀요, 또한 그것이 유일한 심판의 기준이요, 측정하는 계기판이 될 수 있는데, 선악과 사건으로 이 계기판이 망가져 버림으로 아버지로부터 오는 모든 혜택은 차단되어 버렸습니다. 대신 땅의 속성, 세상의 속성, 사탄의 속성이 덧입혀져 세워진 것이 바로 오늘날 우리가 그렇게도 중요시하는 자아의 실상이요, 정체요, 현주소인 것입니다.

그러므로 자아는 옳고 그른 것이 문제가 아니고 그 근본 뿌리가 썩어 있고 생명이 없고, 오히려 사망으로 연결시키는 출처가 될 뿐입니다.

그런데도 인생은 원래 자신의 소속을 알지 못하고 하나님을 떠나, 그 아버지를 찾는 자도 없고 오히려 아버지를 대적하는 자아라는 괴물에 잡혀 그 자아를 자라게 하는 독성과 악성과 죄성과 부패성을 사탄으로부터 공급받으며 그 아비 마귀의 속성을 나타내고자 날마다 애쓰면서 삽니다.

오늘도 예수 그리스도를 믿는다고는 하지만 자아가 죽지 않고 믿는 자와, 아예 예수님이 누구인지도 모르고 본능적 자아로 살아가고 있는 것이 나의 모습이 아닌가요? 그래서 자아가 죽어야 한다는 것입니다. 그래서 자아는 하나님과 원수인 것입니다.

바울 사도의 외침이 들립니다. "오호라 나는 곤고한 자로다. 이 사망의 몸에서 누가 나를 구원해 줄 것인가? 원하는 선은 행하지 않고 원치 않는 악만 행하는구나."

자아 때문에 몸부림치던 바울! 어느 땐가 진리를 깨닫고 고백한 후 그는 이렇게 말합니다.

"내가 그리스도와 함께 십자가에 못 박혔나니 그런즉 이제는 내가 산 것이 아니요 오직 내 안에 그리스도께서 사신 것이라"(갈 2:20).

자기는 죽고 자기 안에 주님이 살아 계신다는 고백이 아닙니까?

세계 복음화를 꿈꾸며 미국 보스턴 소재 '임마누엘 가스펠 센터'를 섬기고 있는 김종필 목사님은 자신의 책 《하라면 하겠습니다 주님!》에서 이렇게 고백합니다.

하나님이 자신에게 주신 말씀 가운데 "이 마지막 시대를 준비하라. 주의 재림이 가까웠다. 주님의 재림 직전에 다가올 큰 부흥을 준비하라. 나는 너를 그 부흥의 도구로 불렀노라, 나는 너를 깨뜨릴 것이다"라는 말씀이 있었습니다.

김 목사님은 수없이 자기 부인을 요구하시는 하나님의 다루심을 통하여 자아가 죽고 깨어진다는 것이 무엇인지를 알 것 같다고 고백하고 있습니다.

• 술주정꾼 아버지를 통해 나를 깨뜨리셨다.

- 거처할 곳과 먹을 것조차 없는 신혼생활을 통해 깨뜨리셨다.
- 힘든 전도사 생활과 실패한 개척교회를 통해 깨뜨리셨다.
- 필리핀의 쓰레기더미 위로 던지심으로 깨뜨리셨다.
- 한 번도 가본 적 없는 낯선 버밍엄과 보스턴으로 무조건 보내심으로 깨뜨리셨다.
- 아내의 고통을 통해 또다시 깨뜨리고 계셨다.

"하나님은 나를 깨뜨리셨고 또 깨뜨리실 것이다. 하나님의 역사는 자아가 깨어진 그 한 사람을 통해 일어나기 때문이다"라고 기술하고 있습니다.

자아의 죽음, 이 깨어짐의 원리는 어디에 있습니까? 바로 말에 있습니다. 그래서 "부정적인 말을 하지 말고 긍정적인 말을 하자! 남을 축복하는 멋진 말을 하자!"라고 수없이 반복한 그 말이, 남의 허물과 실수를 말하고, 축복의 말보다는 부정적인 말을 거침없이 잘하던 내 자아를 서서히 깨뜨려 가고 있다는 사실을 경험하게 된 것입니다.

그렇습니다. 말하는 대로 됩니다. "나는 할 수 있다"고 말하면 비록 할 수 없는 부정적 자아를 가지고 있는 사람일지라도 할 수 있는 긍정적 자아의 사람으로 바뀌는 것입니다.

만일 당신이 오랫동안 질병으로 고생한 적이 있다면, 아마 그 이미지가 바뀌려면 어느 정도의 시간이 필요할 것입니다. 하룻밤 사이에 그 결과가 나타나는 것은 아니지만, 당신이 하나님의 말씀을 당신의 입술로 고백하기 시작한다면 긍정적인 이미지가 당신 안에 조금씩 조금씩 형성되기 시작할 것입니다.

당신이 가난과 질병을 말하는 한 결코 당신은 부요하고 건강한 자아를 기대할 수 없습니다. 하나님의 말씀을 고백하는 것은 그분의 해결을 붙드는 것입니다. 지속적으로 말씀을 붙들고 읊조리고 외치다 보면 자신 안에 부정적인 이미지가 긍정적인 이미지로 바뀌면서 자아가 처리되는 것입니다.

요셉의 경우를 살펴봅시다. 창세기 37장의 요셉은 참으로 말이 가볍기 짝이 없는 아이였습니다. 자신이 꾼 꿈 이야기를 거침없이 형님들에게 이야기하고(6-8절), 마침내는 '해와 달이 자기에게 절하더라'는 것까지 아버지 야곱에게 말하여 호되게 꾸지람(10절)을 듣지만 그의 가벼운 말버릇은 고쳐지지 않았습니다.

또한 형님들의 잘못을 덮어 주기보다는 그 잘못을 숨김없이 아버지 야곱에게 일러 바쳤습니다(2절).

그것 때문에 요셉의 인생에는 환난이 다가왔습니다. 형님들의 미움을 산 것입니다. 그리고는 형님들의 손에 의해 애굽에 노예로 팔려가고야 말았습니다. 물론 하나님의 섭리가 있었다고 봅니다.

가나안 기근에서 70인의 야곱 가족을 살리고 애굽으로 이주하여 출애굽 할 때까지 중다한 민족을 이루어 약속의 땅 가나안을 주시기까지의 구속사를 이루기 위한….

요셉은 그런 구속사의 통로가 되어야 하는데, 말을 조절하지 못함으로써 인격과 성품을 갖추지 못한 자아를 갖고 있었습니다. 그리고 하나님은 그런 요셉을 담금질하여 자아를 깨뜨리고 성숙한 자로 만드시기 위해 그를 형들에 의해 애굽으로 팔려가게 하신 것입니다.

다시 말해, 고난의 환경을 통해 자신을 정체성을 깨닫게 하여 준비된 자로 쓰시려는 하나님의 뜻이었다는 것입니다.

지금까지는 하나님의 구속사의 관점에서 살펴본 내용이고, 이제는 요셉의 입장에서 살펴보겠습니다. 요셉은 노예로 팔려가기 전만 해도 야곱의 열두 아들 중 아버지의 사랑을 가장 많이 받은 아들이었습니다.

그 아버지가 유독 요셉에게만 채색 옷을 지어 입힌 걸 보면 알 수 있습니다. 채색 옷은 당시에 구하기 힘든 비단으로 만든 옷으로, 왕궁에서나 입던 옷입니다.

돈이 많은 부모일지라도 자식들에게 다 입히지 않았습니다. 값도 문제이지만 유대인들은 보통 옷이라면 통으로 된 간단한 것을 입었습니다. 이는 활동하기도 편하고, 밤에는 야외에서 이불로도 사용할 수 있었기 때문입니다.

그런데 비단으로 만들려고 하면 한 땀 한 땀 수를 놓듯이 비단에 정성스레 바느질을 해서 만들어야 하기 때문에, 더 큰 공을 들여야만 합니다. 바로 채색 옷이 그러합니다.

요셉이 그런 옷을 입었다고 하는 것은, 얼마나 아버지 야곱의 사랑과 총애를 한 몸에 받고 있었는가를 말해 줍니다. 막내 동생 베냐민에게도 입히지 않는 옷을 말입니다.

요셉은 노예로 팔려가기 전까지만 해도 그야말로 자기 세상, 무소불위(無所不爲)의 거칠 것 없는 아이였습니다. 그런데 어떻게 되었습니까? 손에는 밧줄이 묶여 있습니다(노예가 도망할까봐 묶어 놓는 것). 행동에 제약을 받고 자유를 잃어버렸습니다.

주인이 이리 끌고 가면 이리 가야 하고, 저리 끌고 가면 저리 가야 합니다. 대소변도 편하게 마음대로 보지 못합니다. 누군가가 감시하고 따라다니기 때문입니다. 애굽까지 끌려가는 여정을 상상해 보십시오. 얼마나 혹독한 시련이었는지를….

얼굴과 눈을 사정없이 후려치는 혹독한 모래바람과 낮이면 40도를 오르내리는 살인적인 무더위, 밤이면 영하로 내려가는 추위와 싸워야 하는 현실을….

아버지 품에 있을 때는 더우면 텐트 안에 들어가면 시원하고, 밤이면 따뜻한 양털 이불을 덮고 잠을 자면 그만이었습니다. 누가 무엇이라고 말하겠습니까?

그런데 노예가 되고 나니 목이 말라 물 좀 달라고 해도, 사막에서 가장 소중한 것이 물인데 누가 물을 넉넉하게 주었겠습니까? 죽지 않을 만큼만 공급해 주었을 것입니다.

그런 환경 속에서 요셉이 무슨 생각을 했을까요? '내가 이 입 때문에 이런 혹독한 환경을 스스로 자초했구나', '입을 함부로 놀린 결과로 형들의 미움을 받아 이런 신세가 되었구나', '이제 후로는 절대로 말을 조심해야 하겠구나' 하지 않았을까요.

"여호와여 내 입 앞에 파수꾼을 세우시고 내 입술의 문을 지키소서"(시 141:3) 하는 말씀이 있는 것처럼, 아마도 그는 말을 조심해야 한다고 수백, 수천 번을 스스로 다짐하는 말을 했을 것입니다.

요셉은 긴 고난의 여정 끝에 애굽에 도착하여, 보디발 장군의 집에 노예로 들어가게 됩니다. 거기서 그는 무슨 일을 만났습니까?

잘생긴 얼굴 때문에 보디발 아내의 유혹을 받아, 동침하자는 자리를 피하려고 도망 나오다가 옷이 벗겨진 일로 도리어 누명을 쓰고 감옥에 가게 됩니다. 그런데 그때 요셉은 한마디 변명의 말도 하지 않았습니다. 놀랍지 않은가요?

만약 그런 상황을 만났다면 저는 당연히 결백을 주장할 것입니다. 그런데 요셉은 말하지 않습니다. 그는 그만큼 고난의 풀무 속에서 입(말)이 단련되었던 것입니다.

남의 허물을 말하는 입이나, 자신의 의로움을 주장하는 말을 하는 것이 무의미하다는 것을 알아차린 것입니다. 그렇게 철옹성 같던 요셉의 자아가 무너져 내린 것입니다.

결과적으로 고난이 그에게 유익이 된 것입니다. 마침내 그는 이스라엘 민족을 살리며 하나님의 구속사를 이루는 위대한 인물로 죽을 때까지 장장 80년이라는 세계 최장수 총리가 되었습니다.

오늘도 내가 한 말 한 마디로 누군가의 인생이 바뀔 수 있다는 것을 명심합시다.

4.

우리가 입으로 말을 하는 순간 그 말을 누가 듣는가?

1) 우리의 뇌가 그 말을 듣고 실천한다

앞에서 잠깐 언급한 것처럼 우리의 입술을 통해 나오는 말을 뇌가 듣습니다.

지난 2018년 2월 3일 국내 한 대학병원에서 뇌를 실험한 결과를 발표했습니다. '감사하는 마음을 갖고 살면 행복해진다'는 말은 당연한 것이지만 우리는 그것을 자주 잊고 지냅니다. 하지만 실제로 감사하는 마음을 가지면 우리 뇌가 변하고 삶도 달라질 수 있다는 사실이 의학적으로 증명된 것입니다.

실험진은 30대 직장인 피실험자인 김○○ 씨에게 어머니에 대한 고마움을 떠올리게 하는 말을 5분 동안 들려주었습니다. 그랬더니 심장박동이 안정적인 파장을 그리고, 표정 또한 한결 편안해지는 것을 발견하였습니다.

실험자는 어머니의 고마움을 떠올리게 하는 말을 들으니 "엄마 손을 잡고 시장에 가서 초콜릿을 샀던 그런 아련한 옛날 추억들이 함께 떠올랐다"고 말했습니다.

그리고 잠시 뒤 실험진은, 반대로 자책하고 원망하는 말을 들려주었습니다. 그리고는 "나를 늘 화나게 하고 괴롭히는 사람들의 얼굴을 떠올려 보세요"라고 말했습니다. 그러자 실험자의 표정은 서서히 굳어졌습니다. 감사하거나 반대로 원망할 때 표정만 달라지는 것이 아닌 것입니다.

또 다른 국내 대학병원 연구팀은 두 가지 상반된 감정을 느꼈을 때 심박 수와 뇌의 변화를 측정했습니다. 감사할 때, 심박 수의 평균은 차츰 감소하는 반면 원망하는 말을 하면 스트레스를 받을 때처럼 증가하였습니다.

심박 수가 달라지는 것은 상황에 따라 우리 뇌가 계속 변하기 때문입니다. '측좌핵' 등 뇌 여러 부위에 걸쳐 있는 '보상회로'가 즐거움을 관장하는데, 감사하는 마음을 가지면 이 보상회로가 뇌의 많은 부위에 연결돼 즐거움을 더 잘 느끼게 된다는 사실이 '기능 MRI' 영상으로 확인되었습니다.

누군가를 탓하고 원망하는 말을 하는 것보다 늘 감사하는 마음을 갖고 감사의 말을 하려고 애쓰면 우리 뇌가 변하고 삶도 달라진다는 얘기입니다.

말은 마음에서 표출되는 단어입니다. 그 사람의 말을 들으면 바로 그 사람의 마음의 상태를 알 수 있습니다.

현재 불안한 마음의 상태에 있다면 그는 틀림없이 불안한 말을 할 것이고, 평안한 마음의 상태라면 그 사람은 반드시 평안한 말을 할 것입니다.

마음이 죽고 싶으면 그 사람의 입에서는 틀림없이 죽고 싶다는 말을 들을 수 있을 것입니다. 이것이 마음과 말의 상호 관계이기도 합니다.

예수님도 "**입에서 나오는 것들은 마음에서 나오나니 이것이야말로 사람을 더럽게 하느니라 마음에서 나오는 것은 악한 생각과 살인과 간음과 음란과 도적질과 거짓 증거와 훼방이니 이런 것들이 사람을 더럽게 하는 것이요**"(마 15:18-20)라고 입으로 나오는 말이 곧 마음의 상태임을 가르쳐 주셨습니다.

인간의 뇌세포는 약 150억 개로 이루어져 있는데 자신의 뇌가 입에서 나오는 말을 가장 먼저 듣습니다. 그리고 그 들린 말대로 온몸에 지령을 내리게 되고, 우리 몸의 총사령부인 뇌로부터 명령을 하달 받은 몸(지체)은 그 명령대로 움직이게 되어 있습니다.

최근 발표한 세포 생물학자 브루스 립튼(Bruce Lipton)—(사람들의 생각이 건강에 영향을 준다는 것을 과학적으로 증명하고 있는 명망 있는 세포생물학자)의 논문 〈신념(믿음)의 생물학 = 생각이 유전자를 변화시킨다〉(정혜숙 번역)에는 이렇게 기록되어 있는 것을 찾아볼 수 있습니다.

"인식이나 믿음이 유전암호를 다시 쓰게 한다."

립튼 박사의 독자적인 연구는 우리가 자신의 건강을 조절할 수 있는 막대한 잠재력을 가지고 있음을 보여주고 있습니다.

우리의 삶이 우리가 가진 유전자에 의해 통제되고 있다는 일반적 믿음과는 대조적으로 그의 연구는 우리의 신념이나 태도가 매우 깊은 차원에서 우리에게 영향을 준다는 것을 밝히고 있습니다.

예컨대 코끼리는 다른 동물에 비해 똑똑하고 영리합니다. 특히 코끼리 지능은 기억력에서 두드러집니다. 야생에서 길을 가다가 다른 코끼리의 사체를 발견하면 그것의 뼈를 보고 가족의 사체인지 아닌지를 알아낸다고 합니다. 또한 현재 위치에서 수백 킬로미터 떨어져 있는 물가의 위치를 정확하게 기억해 내고 수십 년 전에 만났었던 사람도 기억한다고 합니다.

코끼리의 상아를 노린 사냥은 여전히 줄지 않아 개체수가 급격히 줄어들고 있는데 밀렵꾼들은 주로 큰 상아를 가진 코끼리를 대상으로 밀렵을 합니다. 이때 밀렵꾼들의 총을 맞고 죽는 동족이나 가족들의 모습을 보면서 '아, 상아가 길면 빨리 사람들의 총에 죽는구나. 그러니 상아를 만들어서는 안 되겠구나!' 하는 생각과 신념이 뇌 속에 유전자를 자극해서 상아가 자라도록 작동하는 스위치를 꺼 버린다고 합니다.

그 결과 아프리카, 특히 밀렵꾼들과 만남이 빈번한 남아공에 서식하는 코끼리의 상아가 점점 짧아지거나 아예 자라지 않는다고 합니다. 물론 '상아가 크면 사람들의 총에 맞아 빨리 죽는구나' 하는 생각이나 신념이 없는 코끼리는 예전처럼 상아가 자라고 있지만…. 코끼리의 생각과 믿음이 유전자를 작동시킨 것입니다.

또 그는 말하기를, "당신의 생각들과 상상력에 대해 주의하십시오. 만약 당신이 아침에 일어나면서 생각하기를 '내 삶이 제대로 잘 돼 가고 있는 것 같지 않아 걱정이야'라고 생각한다면 당신의 세포들이 맨 먼저 하는 일은 '우린 아마 여기 오래 머무를 수 없을지도 몰라'라고 생각하며 짐을 꾸리는 일일 것입니다.

그리고 그들은 방어 자세를 취하며 육체적 혹은 정서적 스트레스를 가져올 것이고, 이것이 계속되도록 둔다면 결국 육체적 질병이 나타날 것입니다"라고 했습니다.

조 디스펜자의 《당신이 플라시보다(원하는 삶을 창조하는 마음 활용법)》(추미란 역)에 대해 소개합니다. 이 책은 척추 뼈가 여섯 개나 부러지는 저자 자신의 엄청난 사고 이야기로 시작합니다. 의사들은 하나같이 수술을 권했습니다.

그러나 그는 우리 심장을 매일 수십만 번 뛰게 하고 세포마다 매초 수십만 개의 화학반응을 조직하는 능력이 우리 몸속에 있다고 여겼고, 내면의 그 지성이 치유를 이뤄낼 수 있을 거라고 믿었습니다(신념).

그는 하루에 두 번, 한 번에 두 시간씩 내면으로 들어가 완전히 치유된 척추 그림을 상상하기 시작했습니다. 잡념이 끼어들면 처음부터 다시 했습니다. 그러던 중 뭔가 딱 하고 분명해지며 치유되겠다는 확신이 든 순간이 왔습니다. 그리고 9주 만에 일어났고, 완전히 회복되었습니다.

그 경험은 그의 인생을 바꾸어 놓았습니다. 그때 그는 몸과 마음의 관계, 물질을 지배하는 마음의 개념을 연구하는 데 남은 생을 바치기로 결심했습니다. 그로부터 30년이 지난 지금 그는 이렇게 말합니다.

"그 당시에는 내가 무슨 일을 하고 있는지 몰랐지만 지금은 잘 안다. 내가 의도적으로 어떤 미래를 선택한 뒤 그 미래에 느끼게 될 고양된 감정을 미리 느끼는 그 순간, 내 몸의 세포들은 스스로를 재조직하고, 나는 새로운 유전자들에 새로운 방식으로 신호를 보냈으며, 그럴 때마다 몸이 빠르게 회복되어 갔던 것이다. 바로 내가 나 자신의 플라시보가(믿음) 된 것이다."

그는 사고 후 30년 동안 자신을 치유한 원리를 이해하고, 비슷한 사례들을 찾고, 과학적으로 설명하고, 나아가 누구에게나 적용할 수 있는 보편적인 치유 방식을 찾는 데 매진했습니다.

이를 위해 다시 대학 수업을 들으며 신경과학의 최신 연구들을 공부하고, 대학원에 진학해 뇌 과학, 신경 가소성, 후성 유전학 등을 두루 섭렵했습니다.

그는 라이프(Life) 대학에서 카이로프랙틱을 전공하고 박사 학위를 받았습니다. 대학원에서는 신경학, 신경 과학, 뇌의 기능과 화학, 세포 생물학, 기억 형성, 노화와 장수의 문제들을 연구했습니다.

그는 영화 〈도대체 우리가 아는 것이 무엇인가?〉(What the bleep do we know?)(2004년)에 여러 과학자 중 한 명으로 출연하면서 대중에게 처음 알려졌습니다.

신경 과학, 양자 역학, 후성 유전학 등 최신 과학을 이용해 질병을 치료하고 우리 안의 무한하고 놀라운 능력을 활용해 더욱 행복하고 만족스러운 삶을 창조하는 방법을 열정적으로 탐구해 오고 있습니다.

전 세계 26개국 이상의 나라에서 수천 명의 사람들에게, 지속적인 변화를 위해서 뇌의 배선을 바꾸고 몸을 재조건화하는 법을 강의해 왔으며, 입문자를 위한 온라인 집중 워크숍, 3일짜리 중급 과정 워크숍, 그리고 뇌·심장 기능·유전자 발현·에너지 변화 등을 즉석에서 측정하는 5일짜리 고급 과정 워크숍 등을 진행하고 있습니다.

이 고급 과정 워크숍에서는 뇌전도 측정기로 참가자들의 뇌파 상태를 측정하고 이를 수학적, 통계적으로 분석해 명상 전후의 다른 뇌파의 패턴이 우리의 생각과 느낌과 감정과 행동과 어떤 관련이 있는지를 탐구합니다.

후성 유전학은 유전자에 의해 우리의 운명이 결정되는 것이 아니고, 의식(신념이나 믿음)을 바꾸는 것으로 몸의 구조와 기능 모두에 물리적인 변화를 줄 수 있다고 말합니다.

우리는 우리의 유전자 프로그램을 만드는 환경 속 다양한 요인들을 통제해, 원하는 유전자는 깨우고 원하지 않는 유전자는 잠재우는 방식으로 유전적 수준에서 운명을 수정해 갈 수 있습니다(《당신이 플라시보다》, 164쪽).

누군가 새로운 미래에 대해 분명한 의도(즉 고통이나 질병 없이 살기를 원하는 것)를 갖기 시작하는 순간, 그리고 그 의도(흥분, 희망, 또 실제로 고통이나 질병 없이 살 거라는 기대 같은)를 고양된 감정(신념, 믿음)들과 결합시키는 순간, 우리 몸은 더 이상 과거에 살지 않고 바로 그 새로운 미래에 살게 됩니다.

이 책의 추천사를 써 주신 '하나통합의원'의 전홍준 박사님을 여러 번 만났습니다. 그는 외과의사이지만 현대의학의 한계를 인식하고 30년 동안 대체의학(전인치유, 즉 병을 치료하는 것이 아니라 병든 사람을 치료함)으로 환자를 치료하고 있으며, 현대의학이 할 수 없는 놀라운 치료효과를 나타내고 있습니다(책명 《비우고 낮추면 반드시 낫는다》).

그분은 모든 병은 인체에 피가 탁해서 생긴다고 결론을 내립니다. 그리고 환자의 말과 믿음이 유전자를 바꾸며, 그 유전자가 사람을 치유한다고 입이 아프도록 환자들에게 설명하시는 것을 들었습니다.

그의 책에 보면 환자를 치료하는 방법, 생채식, 운동, 공기, 햇볕, 관장요법, 마음 비우기 등등 여러 가지가 있는데, 그 가운데에서도 "나는 병이 나았다, 나는 건강하다" 하는 말을 시간 나는 대로 하루에 수도 없이 반복하여 말하게 합니다.

식이 요법과 마음 요법을 병행하고 있는 것입니다. 신기하게도 특별한 약을 쓰지 않았는데도 암, 당뇨, 고혈압 같은 불치의 병들이 고쳐지는 사례가 많아 외국에서도 환자들이 병원을 찾아옵니다.

한번은 대구에서 교장선생님으로 봉직하시다가 정년하신 장로님 한 분이 불치의 병으로 당신의 병원을 찾아오셨기에 상담을 하시다가 소원이 무엇이냐고 물으니 자신은 살 만큼 살았으니 이제 이 병으로 죽어도 여한이 없는데 한 가지 꿈속에서도 잊지 못하는 소원이 있다고 하시더랍니다.

"그 소원이 무엇이냐"고 물으니 자신의 딸 셋이 있는데 다 출가한 지 오래 되었는데 하나같이 자식을 낳지 못하고 있어서 그게 가장 큰 한이라고 하시기에, "크게 돈 안 들이고 할 수 있는 좋은 방법이 있으니 가르쳐 주면 하겠느냐"고 물으니 무엇이든지 할 수 있다고 대답하시더랍니다.

그래서 다른 것 할 것 없고 오늘부터 딸 셋이 아이를 안고 할아버지에게 오는 것을 상상하면서 "내 딸들은 자식을 낳았다", "내 딸들은 자식을 낳았다" 그렇게 외치고 읊조리고 시간이 나면 "나도 치료되었다"라고 말을 하라고 지시를 해서 보냈다고 합니다.

몇 년이 지난 후에 그분이 다시 병원을 방문했기에 궁금하여 그때 그 일은 어떻게 되었냐고 물으니 원장님이 시킨 대로 매일매일 외치고 읊조렸더니, 세상에 기적 같은 일이 벌어져 세 딸들이 전부 출산을 해서 자녀를 안고 친정을 찾아왔더라는 것입니다. 그뿐만 아니라 자신의 불치병도 다 나아서 지금은 건강할 뿐 아니라 33가지의 기도 응답을 받았다고 기뻐하시더랍니다.

언어 치료법(word therapy)으로 환자들을 치료하는 미국의 위스콘신 주의 한 신경외과 의사가 있습니다. 그는 환자들로 하여금 하루에 15분씩 자신이 이름붙인 '정신운동'(mental exercise)을 하게 했습니다. 예를 들면, 고혈압을 가진 어떤 환자로 하여금 날마다 15분 동안 "나의 혈압은 80에서 120이다"라고 말하게 한다는 것입니다.

그 환자가 자기가 말하는 것을 이해하든 못하든 관계가 없습니다. 그의 몸은 그의 말을 알고, 그의 말에 순종하게 되어 있다고 그 의사는 말합니다. 그는 또한 환자는 자기 췌장이 어떤 형편이고, 무엇을 하는지에 대해 알 필요가 없다는 것입니다. 그것은 환자의 몸이 그의 음성을 알고 그대로 순종하기 때문이라는 것입니다.

그 의사는 "나는 왜 그렇게 되는지는 모르지만, 그렇게 되는 것이 사실입니다"라고 말합니다.

이것이 바로 말의 위력이고, 말의 힘이 아니겠습니까?

필자는 개인적으로 성경에 기록되어 있는 믿음의 문제가 허구가 아닌 과학을 통해서도 그 실체가 드러나고 있음에 무척 고무되어 있습니다. "말하는 대로 된다. 말이 씨가 된다. 네 말이 내 귀에 들리는 대로 내가 시행하리라!"

한번은 예수님이 제자들과 함께 베다니를 지나시다가 열매 없는 무화과를 보시고 "다시는 열매를 맺지 못하리라"는 말로 저주를 해 버리셨습니다.

그리고 다음 날 그곳을 지나가던 베드로는 그 말라 있는 무화과 나무를 향해 외쳤습니다. "랍비여 보소서, 무화가 나무가 말랐나이다." 이를 보신 예수님은 이와 같은 말씀을 하셨습니다.

"내가 진실로 너희에게 이르노니 누구든지 이 산더러 들리어 바다에 던지우라 하며 그 말하는 것이 이룰 줄 믿고 마음에 의심치 아니하면 그대로 되리라 그러므로 내가 너희에게 말하노니 무엇이든지 기도하고 구하는 것은 받은 줄로 믿으라 그리하면 너희에게 그대로 되리라"(막 11:23-24).

말하는 것이 성취될 줄 믿고 말하는 사람에게는 말 그대로 될 것이다, 그러니 의심하지 마라, 그러면 그대로 이루어진다, 이것이 바로 말의 능력입니다.

부정적인 말을 하면 우리의 뇌가 먼저 듣고 부정적인 방향으로 유전자를 작동하고, 긍정적인 말을 하면 긍정적인 방향으로 유전자가 작동하여 즉시 몸이나 환경이 반응합니다.

학자들마다 약간씩 견해가 다르지만, 인간 뇌세포는 약 140~150억 개가 있다고 합니다. 이 많은 뇌세포가 말의 지배를 받는다고 하니 놀랍지 않은가요?

우리나라는 불명예스럽게도 '자살공화국'이라는 오명을 가지고 있습니다. 왜 그런가 하고 생각해 봤더니, 조상 때부터 유전되어 우리가 사는 사회 속에 만연되어 있는 말버릇 때문에 그런 것이 아닌가

하는 생각이 듭니다.

툭하면 '죽겠다', '못 살겠다'는 말을 입에 달고 삽니다. 심지어는 좋은 일이 있을 때에도 '좋아 죽겠네', '좋아서 못 살겠네'라는 말을 사용합니다. 좋으면, 죽지 말고 살아야지요.

뭐가 안 될 때는 안 되니까 '죽겠다'라는 말을 혹 사용할 수 있지만 왜 잘되는 대도 죽겠다고 하는지…. 그러니 말이 씨가 되어 '자살 공화국'이라는 불명예스러운 말을 듣는 것이 어쩌면 너무도 당연한 귀결이 아니겠습니까?

우리나라 역사 속에 전쟁이나 민주화 운동 같은 것은 놔두고라도 순간순간 화재나 침몰, 추락 등, 대형 참사를 통해 얼마나 많은 사람들이 죽었는지 모릅니다. 지금도 이천의 어느 물류창고의 대형 참사와 인명피해를 뉴스로 전해 듣고 있습니다. 일일이 열거할 수 없을 만큼 많습니다.

필자는 미욱한 사람이라—물론 게으른 탓도 있지만—이 책을 쓰기로 마음먹은 것이 지금으로부터 10여 년 전이었는데 매번 생각이 날 때마다 몇 자씩 적다 보니 이제야 겨우 완성을 한 것입니다.

그러던 2014년 4월 부활절을 앞두고 설교를 준비하면서 그 원고의 내용대로 시(詩)를 쓰려고 묵상하고 있는데 16일 날 '세월호' 사건이 일어난 것입니다.

얼마나 통분할 일이던가요? 하늘도 울고 땅도 울었던 경천동지할 사건, 참으로 어처구니없는 사건이었습니다. 피어 보지 못한 꽃다운 어린 소년 소녀들을 얼마나 많이 죽음으로 몰아갔는가 말입니다.

그때의 참담한 심정을 적어 보려고 합니다. '세월호유가족회'에 전해 드릴까도 생각했지만 아직은 못하고 있습니다.

부활의 외침(세월호)

바다야!
파도야!
갇힌 자들을 풀어놓아
다니게 하라

맹골 수도야! 사망아!
죽은 자들을 돌려다오

갇혀 있는 님들이여!
얼마나 춥고
얼마나 배가 고프고
얼마나 힘들고
얼마나 무섭습니까?

주검으로 돌아온
님들이여!
그대들을 위해
아무것도 할 수 없는
우리의 무능을
용서하지 마시오
욕심과 명예 때문에

상대를 배려하지 못하여
헐뜯고 비방하며
빛이요 소금 되지 못하고
사명을 잃어버린
이 땅 교회의 책임도 큽니다

"야훼"
하나님이여
범죄한 백성들의
죄를 사하시고
회개하는 성도들의 간구와
기도를 들으시고
이 땅 고치시어
사망의 고통을 멈춰 주소서!

피어 보지도 못한
꽃다운 생명 젊은 꿈
아직도 그대들이 필요하고
살아야 할 이유가 있는
많은 아이들!
그대들의 희망이
무참히 짓밟혀 버렸습니다
맡은 자와
어른들의 무책임이…

오 사랑하는 님들이여!
하지만 지금도
그대들을 살리기 위해
또 하나의 죽음과
사투를 벌이는
산 자들의 몸부림이
이 땅에 있습니다
열악한 환경에도
그대들 구출을 위해
목숨을 담보한 잠수부들과
돕는 손길들…

차디찬 바다를 바라보며
식음을 전폐하고
아들아 돌아오너라!
딸아 보고 싶다!

꼭 살아 돌아와
예전처럼 함께
식탁에 둘러앉아
이야기꽃을 피워 보자고
외치는
아빠 엄마의
탄식과
몸부림

기도와
그 애통함!

부모 찾는
자녀들의 울부짖음
잃어버린 가족을 부르는
처절함이
들리고 보이십니까?
보이거든 응답하시고
들리거든 요나처럼
주검을 박차고
나사로처럼
무덤을 열고 나오세요

사망아!
너의 쏘는 것이 무엇이며
사망아!
너의 이기는 것이
어디 있느냐?

썩을 것이 썩지
아니함을 입고
죽을 것이 죽지
아니함을 입을 때

사망은
부활에 삼킨 바 되리

사망아!
다시 한 번 명하노니
갇힌 이들을 속히 풀어 놓고
주검을 되돌려라!

엘리 엘리 라마 사박다니!
나의 하나님, 나의 하나님,
어찌하여 이 땅 젊은이들에게…

죽음을 이기고 승리하신
부활의 주님!
갇힌 자 돌아오게 하시고
잠자는 자 부활로 나오게 하소서!

2014년 4월 20일
부활의 아침에 임판석 목사

註: 세월호의 참사와 부활절이 맞물려 그 안타까운 마음 금할 길 없습니다. 하루빨리 그 아픔을 딛고 회복되기를 기도하는 마음으로 이 시를 낭송해 봅니다.

"말이 씨가 되며, 말하는 대로 된다."

서울의 어느 교회 목사님의 간증입니다. 당신 교회에 지적(知的)

장애가 약간 있는 말썽꾸러기 꼬마가 한 명 있었는데 그 아이가 얼마나 천방지축인지 교회에 오면 예배당에다가 오줌을 싸기도 하고, 교회 성물을 깨뜨리기도 하는 문제아였다고 합니다.

어르고 달래 보기도 하지만 잘 안 되어 어떤 때는 잔뜩 화가 나서 엉덩이를 찰싹찰싹 때리면서 "이 서울대학 갈 놈아", "이 서울대학 갈 놈아"라고 했는데, 그 아이가 자라서 정말 서울대에 갔다고 하는 말을 들었습니다.

말에는 행동을 유발하는 힘이 있습니다. 말을 하면 그 말이 뇌에 박히고, 뇌는 척수를 지배합니다. 척수는 행동을 지배합니다. 할 수 있다고 말하면 할 수 있도록 움직이고, 할 수 없다고 말하면 할 수 없는 쪽으로 움직이기 시작합니다.

2) 사탄이 그 말을 듣고 말대로 되도록 문제를 작동시킨다

요한복음 10장 10절을 보면 도적이 오는 것은 우리를 도적질하고 죽이고 멸망시키려고 온 것이라고 주님이 가르쳐 주십니다. 사탄은 우리 입에서 무슨 말이 나오는가를 예의 주시하고 듣고 있습니다.

창세기 3장 1-13절을 보면 인류 시조인 아담과 하와가 에덴동산에서 하나님과 평화롭고 행복한 삶을 살 때 마귀가 하와를 찾아왔습니다. 그리고 그에게 질문합니다.

"하나님이 참으로 동산 중앙에 있는 나무의 실과를 먹지 말라고 하더냐?" 그러자 하와가 **"따 먹으면 죽을까 하노라"** 하셨다며 엉터리 말을 했습니다(하나님은 정녕 죽는다고 하셨지, 죽을까 하노라고 말씀하지 않음). 그러자 사탄은 하와의 그 잘못된 '말꼬리'를 잡고 하나님의 말씀을 왜곡, 변질시키기 시작합니다.

만약 그때 하와가 **"따 먹으면 죽을까"**가 아니고 **"따 먹으면 반드시 죽는다"**고 사탄에게 하나님의 말씀을 정확하게 말했다면 더 이상 사탄은 어떻게 하지 못했을 것입니다.

마태복음 4장을 보면 예수님이 40일 동안 광야에서 금식하시고 주리실 때 사탄이 하와에게처럼 찾아와 세 가지로 예수님을 시험하지만 예수님은 단호하게 말씀으로(신 8:3, 6:13, 6:16) 물리치고 승리하셨습니다.

결국 사탄의 진리 아닌 말장난에 빠져 아담과 하와는 선악과를 따 먹음으로 인류에게 죄가 들어오는 엄청난 결과를 초래하고 말았습니다.

그래서 부정적인 말, 진리가 아닌 말을 하게 되면 사탄에게 합법적인 통로를 열어 놓는 결과가 되어서 당당하게도 우리 인생의 울타리를 넘어와 앞뒤마당을 휘젓고 다니게 됩니다.

성경 욥기를 보면 사탄이 욥을 하나님께 참소하여 하나님의 재가를 얻어 합법적으로 욥을 곤경에 빠뜨립니다.

그런데 욥이 그렇게 된 것은 이유가 있습니다. 욥이 두려움의 말을 먼저 하였습니다. 이 말을 들은 사탄이 그 말을 빌미로 하나님께 참소를 했으며, 욥을 곤경으로 밀어넣은 것입니다.

"나의 두려워하는 그것이 내게 임하고 나의 무서워하는 그것이 내 몸에 미쳤구나 평강도 없고 안온도 없고 안식도 없고 고난만 임하였구나"(욥 3:25-26).

두려워하고 무서워하는 그 일이 자신에게 임했다고 고백합니다. 무슨 말입니까? 평강도 안식도 없다는 마음의 상태를 필터링하지 않은 상태로 입 밖에 말로 뱉어냈다는 것입니다.

결국은 무지하여서 하나님의 이치(말하는 대로 되는)를 훼방하는 말을 되풀이하는 욥에게 하나님이 나타나셔서 꾸중하시며 질책하셨습니다.

"하나님이 우리에게 주신 것은 두려워하는 마음이 아니요 오직 능력과 사랑과 근신하는 마음이니"(딤후 1:7).

하나님이 우리에게 주시는 것은 두려워하는 마음이 아닌데 욥은 두려워했고, 결국은 그것이 말로 표현되었기에 그런 결과를 가져왔습니다. 곧 말대로 된 것입니다.

두려워한다는 것은 예수님이 그리스도이심을 믿지 못하는 것과 같습니다. 다시 말해 예수님이 구원자요 메시아이며, 창조주이심을 믿지 못하는 것과 다를 바 없습니다.

사탄이 우리를 넘어지게 하려고 우리 마음 밭에 뿌리는 악한 가라지가 두려움입니다. 두려움에는 그에 상응하는 벌이 있다고 성경은 가르치고 있습니다.

"사랑 안에 두려움이 없고 온전한 사랑이 두려움을 내어쫓나니 두려움에는 형벌이 있음이라 두려워하는 자는 사랑 안에서 온전히 이루지 못하였느니라"(요일 4:18).

절대로 그 두려움이나 악한 생각을 받아들이는 말을 입으로 말하면 안 됩니다.

마가복음 4장을 보면 갈릴리 바다를 건너다가 제자들이 큰 풍랑을 만납니다. 그때에 죽게 생겼다고 소리 지르면서 고물에서 주무시는 예수님을 깨웁니다.

이때 예수님이 일어나셔서 "잠잠하라, 고요하라"고 바다와 바람을 꾸짖으셨고 곧 바다는 잠잠해졌습니다. 무슨 이야기인가요? 바다도, 바람도 예수님이 창조주시요, 예수님이 자기들의 주인이라는 것을 알고 있다는 이야기입니다.

헌데 제자들은 모르고 있었으니 **"너희가 어찌 믿음이 없느냐"**고 예수님에게 된통 혼이 났습니다. 어찌하여 무서워하고, 어찌하여 내가 메시아요 구원자임을 알지 못하여 믿음이 없는 불신앙의 말을 하느냐고 말입니다.

사탄은 우리 입에서 나오는 부정적인 말에 신경을 곤두세우고 주시하고 있습니다. 그래서 우리는 그놈이 좋아하는 말을 하면 안 되는 것입니다.

사탄! 그놈을 배고프게 만들어야 합니다. 말로 그놈에게 빌미를 제공하면 안 됩니다. 그놈을 굶겨야 우리가 승리합니다.

3) 하나님은 우리 입의 말을 듣고 행하신다

말의 힘이 얼마나 큰지 하나님의 손을 움직입니다.

"그들에게 이르기를 여호와의 말씀에 나의 삶을 가리켜 맹세하노라 너희 말이 내 귀에 들린 대로 내가 너희에게 행하리니"(민 14:28).

앞서 말한 것처럼 '가데스 바네아'에서 모세가 가나안 땅을 40일 동안 탐지하라고 열두 명의 정탐꾼을 보냈을 때 열 명은 안 된다는 부정적인 말을 했고, 여호수아와 갈렙 두 사람만이 "저들은 우리의 밥"이라는 긍정적인 말을 했습니다.

그때 그 말을 들으신 하나님은 부정적인 말을 한 사람들은 가나안에 들어가지 못할 것이며, 긍정적인 말을 한 사람들만이 가나안 땅에 들어갈 것이라고 약속하셨습니다. 그리고 마침내 그 약속대로 이루어졌습니다.

"말이 씨가 되며, 말하는 대로 된다"는 비밀을 아는 자와 모르는 자의 차이는 엄청난 결과를 가지고 옵니다.

우리가 하는 말은 하나님의 손을 움직이게 합니다. 하나님은 스스로 계신 자존자요, 조물주이십니다. 천지와 만물을 '말'로 만드신 전능자이십니다.

"여호와는 죽이기도 하시고 살리기도 하시며 음부에 내리게도 하시고 올리기도 하시는도다 여호와는 가난하게도 하시고 부하게도 하시며 낮추기도 하시고 높이기도 하시는도다"(삼상 2:6-7).

이렇게 인생들을 죽이기도 살리기도 하시며, 가난하게도 부하게도 하시며, 낮추기도 높이기도 하시는 그분이 못하실 일은 아무것도 없습니다.

그분이 맹세까지 하시면서 사람들이 입으로 하는 말이 당신의 귀에 들리는 대로 해주시겠다는 것은 무엇을 말합니까? 말에 대한 무게와 신뢰를 말씀하시는 것입니다.

"세계가 다 내게 속하였나니 너희가 내 말을 잘 듣고 내 언약을 지키면 너희는 열국 중에서 내 소유가 되겠고"(출 19:5).

하나님의 소유가 된다는 것은 다른 데 있는 것이 아니고, 하나님의 말씀을 잘 듣고 지키면 하나님의 소유가 된다는 것입니다.

"내가 진실로 진실로 너희에게 이르노니 내 말을 듣고 또 나 보내신 이를 믿는 자는 영생을 얻었고 심판에 이르지 아니하나니 사망에서 생명으로 옮겼느니라"(요 5:24).

예수님의 말씀을 잘 들으면 사망에서 생명으로 옮긴다고 하셨습니다. 이렇게 말에는 엄청난 능력과 비밀이 숨어 있습니다.
자신의 운명을 바꾸고 싶다면! 평소에 사용하는 잘못된 말을 바꿔야 합니다. 왜냐하면 하나님이 듣고 계시기 때문입니다.
다니엘 10장 12절을 보면, 다니엘이 말세에 나타내시기로 한 하나님의 비밀을 깨달으려 작정하고 기도할 때 이미 하나님은 다니엘의 말을 들으시고 천사를 보내신 장면을 목격하게 됩니다.

"그가 내게 이르되 다니엘아 두려워하지 말라 네가 깨달으려 하여 네 하나님 앞에 스스로 겸비케 하기로 결심하던 첫날부터 네 말이 들으신 바 되었으므로 내가 네 말로 인하여 왔느니라"(단 10:12).

누가복음 19장에도 한 므나씩 받은 자들이 왕위를 받은 귀인에게 나아와 셈할 때 수건으로 싸둔 한 종에게 이렇게 말씀하십니다.

"주인이 이르되 악한 종아 내가 네 말로 너를 판단하노니 너는 내가 두지 않은 것을 취하고 심지 않은 것을 거두는 엄한 사람인 줄을 알았느냐"(눅 19:22).

창세기 18장에는 소돔 성을 멸하시기 전 하나님과 아브라함의 대화가 기록되어 있습니다. 아브라함이 소돔 성에서 의인 50명만 찾으면 이 성을 보존해 주시겠냐고 여쭙는 것부터 시작해서 45인, 40인, 30인, 20인, 10인까지 무려 여섯 번이나 아뢰었지만 하나님은 아브라함의 말(요구)을 거절하지 않고 다 들어주셨습니다.

하나님은 우리 입의 말을 예의 주시하여 듣고 계십니다. 혼자 하는 말조차 아무도 듣지 않는 것 같지만 하나님은 듣고 계십니다. "낮말은 새가 듣고 밤 말은 쥐가 듣는다"는 속담도 있듯이 밤낮 주무시지도 졸지도 않고 우리를 보고 계시는 하나님이 모르실 리가 없습니다.

출애굽기 32장을 보면 금송아지를 만들어 하나님을 진노케 한 이스라엘을 하나님은 진멸하시려 했지만 모세의 간곡한 말을 들으시고 재앙을 돌이키신 사건이 기록되어 있습니다.

"어찌하여 애굽 사람으로 이르기를 여호와가 화를 내려 그 백성을 산에서 죽이고 지면에서 진멸하려고 인도하여 내었다 하게 하려 하시나이까 주의 맹렬한 노를 그치시고 뜻을 돌이키사 주의 백성에게 이 화를 내리지 마옵소서"(출 32:12).

"여호와께서 뜻을 돌이키사 말씀하신 화를 그 백성에게 내리지 아니하시니라"(출 32:14).

그런가 하면 하나님은 모세의 말을 들어주시고 백성들의 죄를 사하셨습니다.

"여호와께서 모세에게 이르시되 너의 말하는 이 일도 내가 하리니 너는 내 목전에 은총을 입었고 내가 이름으로도 너를 앎이니라"(출 33:17).

우리가 하는 말에 힘이 있기 때문에 하나님은 이렇게 말을 가벼이 여기지 않고 들으신 대로 이루어지게 해주십니다.
잠언 18장 21절을 보면, "죽고 사는 것이 혀의 권세에 달렸나니 혀를 쓰기 좋아하는 자는 그 열매를 먹으리라"고 기록되어 있습니다.
사람이 죽고 사는 것이 혀에서 나오는 말의 힘에 달려 있다는 말씀입니다. 말로 자신의 삶이 얽히며, 말로 자기 인생이 잡히는 것입니다. 혀 밑에 죽일 말도 있고 살릴 말도 있습니다. 말 한마디에 의해서 사람이 살기도 하고 죽기도 하는 것입니다.

'요한영성센터'의 원장으로 계시며 '생명언어연구원' 대표이신 박필 교수님은 언어에 대한 책을 시리즈로 집필했는데 그중 《당신의 말이 행복을 만든다》는 책의 서문에 이렇게 말하고 있습니다.

왜 사람들의 마음은 상하고 병이 드는 것일까?
똑같은 인생을 살면서 어떤 사람은 실패하고

어떤 사람은 성공하는 것일까?
왜 어떤 사람은 불행하고 어떤 사람은 행복해하는 것일까?
왜 어떤 사람은 믿음이 좋은데 어떤 사람은 믿음이 약한 것일까?

여기에 약방의 감초처럼 등장하는 것이 있는데 그것은 말이었습니다. 그래서 성경 속의 말을 연구하자 마치 보물 상자를 연 것처럼 놀라운 말의 보물들이 쏟아져 나왔습니다.

믿음의 말을 들으면 믿음의 사람이 되고, 불신앙의 말을 들으면 불신앙의 사람이 됩니다. 마음을 상하게 하고 병들게 하는 말을 들으면 상하고 병든 마음을 갖게 되고, 실패하게 만드는 말을 들으면 실패하는 사람이 됩니다.

성공을 만드는 말을 들으면 성공하는 사람이 됩니다. 당신의 말이 행복을 만들 수도 있고 불행을 만들 수도 있습니다.

나사렛 예수(Nazareth Jesus)

태초(太初)에
말씀이 존재하시고
존재(存在)하신 말씀이
곧 성자이시라

이 말씀이
육신(肉身)을 입고

인생(人生) 가운데 오사
'야훼' 하나님을
나타내 보이셨으니
자기 백성을
죄에서 구원할
자이시라

그 영광(榮光)
독생자(獨生子)의
영광(榮光)이요
진리(眞理)로 충만하니
은혜(恩惠) 위에
은혜(恩惠)로고

그 어깨에는
정사를 메었고
그 이름은
기묘자요 모사라
전능하신 하나님이요
평강의 왕이신데
우리 무리의 죄를
그에게 지우셨네
본래 '야훼' 하나님과
본체이신데…

아!
그가 찔림은
우리의 허물 때문이요
그가 상함은
우리의 죄악을 인함이라
그가 징계를 받으므로
우리는 평화를
그가 채찍에 맞음으로
치료함 받았구나

나를 부인(否認)하는
자에게는
아버지 없고
나를 시인(是認)하는
자에게만
아버지 계시나니
누구든 나를 믿으면
'야훼' 자녀(子女) 되는
권세(權勢) 있느니

병(病)든 자
치유(治癒)하고
귀신(鬼神)을 쫓아내며
죽은 자 살리셨네
말씀으로

그 이름
나사렛 예수
(Nazareth Jesus)!

2010년 4월 5일
江岩 임판석 목사

註: 천지가 창조되기 전 태초(본래) 성자이신 예수님은 말씀으로 하나님과 함께 계시다가 육신을 입고 우리 가운데 오셨습니다. 그는 하나님과 동등됨을 마다하시고 낮고 천한 인간 세상에 오셔서 우리 죄를 대속하시려 십자가를 지셨으며, 병(病)든 자를 치유(治癒)하시고 귀신(鬼神)을 쫓아내며 죽은 자를 살리셨습니다. 예수님의 말 한마디에 죽은 나사로가 살아났으며, 나인 성 과부의 아들이 살아났습니다. 수많은 기적과 이적을 말로 이루셨습니다. 말의 능력이 얼마나 큰가요?

유대인 교육 중 하나인 '하가다'가 있습니다.

■ '하가다' 교육이란?

"이 율법책을 네 입에서 떠나지 말게 하며 주야로 그것을 묵상하여 그 가운데 기록한 대로 다 지켜 행하라 그리하면 네 길이 평탄하게 될 것이라 네가 형통하리라"(수 1:8).

유대인들은 '하가다'라는 히브리식 반복교육을 통해 자녀를 양육합니다. 반복교육이라고 하는 '하가다'는 하나님이 이스라엘 백성에게 가르쳐 주신 자녀교육의 탁월한 방법입니다.

'하가다' 방법은 바로 단순·반복·지속하여 하나님의 말씀을 마음에 새기는 원리입니다. '하가'의 의미는 '읊조리다', '중얼거리다', '소리내어 외치다'는 뜻입니다. 바로 우리가 성경을 '묵상하다'는 말입니다. 단순·반복·지속해서 하나님의 말씀을 가르치고 외우고 암송하여 그 말씀을 삶에서 자동적으로 실천할 수 있게 체질화시키는 방법입니다.

이 '하가다'는 '계속되는 이야기'라는 뜻으로 유대인들은 계속해서 자녀를 교육하는 반복의 책이라는 개념으로 받아들입니다.

여호수아 1장 8절의 말씀 중 '묵상'이라는 단어는 히브리어로 '하가'입니다. 이 단어는 다른 히브리어 단어들과 마찬가지로 많은 뜻을 가지고 있습니다. 이 단어의 기원은 소의 위에서 파생했습니다.

소의 위는 4개입니다. 그래서 위에 여물을 담아 다시 뱉어내어 다시 씹고 삼키는 작업을 네 번 반복하게 됩니다. 하가는 '소가 소화를 반복하는 것처럼 반복하여 무엇을 하다'라는 뜻에서 기인했습니다.

하나님의 말씀을 계속해서 암송하다 보면 뇌의 전두엽이 열리고 발달하게 되어 있습니다.

전두엽이 하는 기능은 기억력, 사고력, 추리, 계획, 운동, 감정, 문제해결 등 고등정신작용을 관장하며, 다른 연합영역으로부터 들어오는 정보를 조정하고 행동을 조절합니다.

유대인들이 노벨상 수상자가 많은 이유는 바로 하나님의 말씀을 계속해서 반복 '하가다' 하다 보니 전두엽이 발달하여 그 기능 중 하나인, 한 번 읽은 책은 다 기억하고 스캔하기 때문에 천재가 되지 말라고 해도 자동으로 되는 것이 아닌가 생각합니다.

우리 교회에도 그런 아이들이 있습니다. 지금 초등학교 4학년인 이란성 쌍둥이 남매 배정원, 배은혜입니다. 오빠 정원이는 몽유 질환이 있어 밤에 자다가 악을 쓰고 일어나 헛소리를 하고 돌아다니기도 했습니다. 4~6세 사이 몇 년 동안을 그렇게 했습니다.

병원에도 다녀 봤지만 별로 신통한 방법이 없었습니다. 정서적으로도 안정되지 못하고 주의력이 많이 산만했습니다. 그러니 당연히 공부를 잘할 리가 없고, 부모에게는 큰 걱정거리 아이들이었습니다.

2016년부터 우리 교회에서는 '하가다' 교육을 시작하면서 매일매일 주어진 말씀을 100번 이상 소리 내어 읊조리도록 했습니다. 그리고 그 결과를 단톡방에 올리도록 했습니다.

아이들 엄마 차은미 집사는 제 말을 듣고 두 아이에게 '하가다'를 시키기 시작했습니다. 오전에 50번, 오후에 50번씩, 이렇게 하루하루 성실하게 최선을 다해 '하가다'로 하나님의 말씀을 읊조리고 소리 내어 암송하는 동안 놀라운 일들이 일어나기 시작했습니다.

정원이의 몽유 증상이 없어지고 건강해졌으며, 아이들이 책상에 앉아 공부를 하기 시작했는데 지금은 학원에 보내지 않아도 학교에서 단연 톱입니다. 하나님의 말씀을 '하가다' 하다 보니 전두엽이 열린 결과입니다. 책을 한 번 읽으면 머리에 입력되고 스캔이 되는데 누가 당할 수 있겠습니까? 교회에서 어른 성도들에게 읽으라고 권하는 책을 두 아이가 곧잘 읽고 어른들 못지않은 글솜씨로 독후감을 제출합니다.

작년에는 여수노회 성경 암송대회에 처음으로 참가하여 정원이는 대상, 은혜는 금상을 차지했습니다. 두 아이들은 지금까지 5년여 동안 암송한 수백 절의 하나님 말씀을 암기하고 있습니다. 목사인 제가 봐도 놀라운 일입니다. 앞으로도 얼마나 많은 말씀을 암송하고 기억할는지….

그것뿐이 아닙니다. 어른들도 힘들어 하는 새벽기도에 참석하여 말씀을 듣는 자세와 기도하는 모습을 보면 기가 막혀 더 이상 할 말이 없습니다. 자라서 어떤 아이들이 될 것인지 기대가 큽니다. 어쩌면 노벨상 수상자가 될지도 모릅니다.

광주에 있는 향기교회가 이 '하가다' 교육의 원조입니다. 소망 없고 문제 있는 아이들이 향기교회에 많이 와서 하나님 말씀으로 치유 받고 회복되며 새로운 삶을 살고 있습니다. 그런가 하면 훌륭한 인격을 갖춘 인재들이 많이 배출되고 있습니다. 기쁜 일입니다.

우리 조국 대한민국 모든 교회에서 자라나는 다음 세대들에게 이렇게 하나님의 말씀을 암송하는 '하가다' 교육을 시켜 세계를 놀라게 하는 인재들이 많이 태어났으면 하는 꿈도 꾸어 봅니다.

하나님은 우리 입의 말을 듣고 그 말대로 되게 해주시는 분이십니다. 하나님 말씀의 포승줄에 묶여 형통한 삶, 하나님의 뜻대로 사는 사람이 되기를 소망해 봅니다.

5.

말을 어떻게 해야 할 것인가?

1) 멋진 말, 긍정적인 말을 하자

 이제 말의 힘에 대한 비밀을 알았다면 '무슨 말을 어떻게 해야 할 것인가?'를 구체적으로 나누도록 하겠습니다.
 습관적으로 매일 사용하는 말, 즉 삶의 감정을 묘사하기 위해 빈번히 사용하는 말들을 단순히 바꾸는 것만으로도 생각하는 방식, 느끼는 방식, 심지어는 살아가는 방식을 변화시킬 수 있습니다.
 삶을 바꾸고 더 나아가 운명을 개척하고자 한다면 평소에 사용하는 말을 신중하게 선택하고 사용할 수 있는 멋진 말을 통해 어휘의 폭을 넓히려고 끊임없이 노력해야 합니다.
 부정적인 말보다는 긍정적인 말을 해야 하고, 소망이 없는 말보다는 소망이 있는 말을 사용해야 합니다.

"사람이 마음으로 믿어 의에 이르고 입으로 시인하여 구원에 이르느니라"(롬 10:10).

입으로 시인하여 구원을 얻는다고 합니다. 말은 마술과 같은 힘이 있으니 말을 잘해야 합니다.

막힌 인생의 문제를 풀어주는 돌파구, 바로 당신의 입에서 나오는 '말'입니다. 당신 입에서 나오는 '말'이 당신 자신의 미래의 돌파구가 됩니다. 말에는 그 사람의 정서, 감정, 의지, 철학, 미래, 운명, 신앙이 들어 있습니다. 그래서 당신이 내뱉는 말은 곧 당신의 미래가 되고 돌파구가 됩니다.

2005년 가을에 《물은 답을 알고 있다》는 책을 읽고 난 후 과연 그런가 하고 시험해 보려고 나무에서 직접 따온 감을 방 서재 위에 올려놓았습니다. 2주 동안 서재에 들어가고 나가면서 한쪽 감에게는 "너 미워, 너 나빠"라는 좋지 않은 말을 사용했고, 다른 한쪽 감에게는 "너 사랑해, 너 예뻐"라는 좋은 말을 사용했습니다.

어떤 결과가 나왔을까요? 나쁜 말을 사용하여 나쁜 말을 들은 감은 속이 완전히 곯아 버렸고, 예쁜 말을 사용하여 예쁜 말을 들은 감은 껍질만 약간 말라 있을 뿐 색깔과 속은 그대로였습니다. 우리가 사용하는 말에는 이렇게 놀라운 힘과 에너지가 있었습니다.

2014년 한글날 MBC에서 다큐 특집으로 말의 힘에 대하여 실험한 결과입니다.

MBC 사내에서 아나운서들에게 조그마한 병에 하얀 쌀밥을 한 주걱씩 퍼 넣은 것에 하나는 '감사합니다'라는 글을 쓰고 하나는 '짜증 나'라는 글을 써서 주었습니다.

그리고 '짜증나'라고 쓴 병에는 매일 "미워, 짜증 나, 싫어, 바보" 등등 부정적이고 짜증 나는 말을 자주 하게 하고, '감사합니다'라고 쓴 병에는 매일 "고마워, 좋아, 사랑해, 아름다워" 등등 긍정적이고 감사한 말을 하게 했습니다. 기간은 한 달이었습니다.

한 달 후 이런 결과가 나왔습니다. 긍정의 말을 한 밥은 약간의 곰팡이가 피었지만 하얀 색깔을 유지하고 있었고, 부정적인 말을 한 밥은 까만 곰팡이가 피었습니다.

끓는 솥에서 익은 쌀에 귀가 있어서 스트레스를 받아서일까요, 아니면 사랑을 느껴서일까요? 말에는 이렇게 큰 비밀이 숨어 있다는 것을 실험을 통해 알게 됐습니다.

또 하나 실험의 결과입니다. MBC 사옥 바닥에 40m를 청 테이프로 붙여 놓고, 실험 대상자들 12명을 불러서 지정한 방에 들어오게 했습니다. 그 방에는 한 노신사가 종이에 적힌 글을 모두 나열해 놓았습니다.

글의 내용은 이렇습니다. '퇴직, 노후설계, 경로당, 쓸쓸함, 외로움, 벗, 고뇌, 번민' 등 노인을 연상케 하는 글들이었습니다. 이 글들을 보고 그냥 나가게 한 것입니다.

그리고 방에 들어가는 시간과 룸에서 나가는 시간을 한 사람이 자세히 측정을 했습니다. 그 결과 들어갈 때와 나갈 때의 시간을 보면, 나갈 때의 시간이 약 2.5초 느렸습니다.

또 다른 실험 대상자들을 불러 이번에는 이런 글을 보게 했습니다. '신난다, 출발, 행복, 아름다움, 여행, 바다, 푸른, 고향, 바쁜 하루, 부지런하게' 등 긍정적이고 발랄하고 밝은 글들이었습니다. 그 결과

들어올 때보다 나갈 때가 약 2.5초 빨랐습니다.

　이렇게 글을 보는 것만으로도 사람의 행동이 달라진다는 사실을 실험을 통해 알게 됐습니다. 사물이나 사람, 또는 동물들까지 말을 통해 반응한다는 사실입니다.

　사람은 눈으로 보는 것만으로도 뇌의 특정 부위가 인식하여 이를 행동으로 옮기려는 시도를 하고, 결국 겉으로 나타내는 놀라운 일이 벌어지게 된다는 것입니다.

　2019년 2월 어느 날 TV에서 학자들이 말의 파동에 대해서 연구한 결과를 발표하는 것을 보았습니다. 말에는 파동이 있고 그 파동을 일으키는 것은 곧 에너지인데, 에너지는 부정적 에너지와 긍정적 에너지가 존재한다고 하면서, 파동을 일으키는 에너지의 역할에 대해서 흰 쥐 두 마리로 실험을 했습니다.

　한 마리의 쥐에는 '사랑이'라고 쓰고, 다른 한 마리에는 '미움이'라고 썼습니다. 그리고 날마다 그 이름을 일주일 동안 부른 뒤 체중이나 혈액 검사를 했습니다.

　그랬더니 '사랑이'의 체중은 증가하고 혈액 속에 모든 좋은 물질들이 활성화된 반면, '미움이'의 체중은 현저하게 줄었으며 혈액 속에 좋지 않은 물질들이 증가했다고 합니다.

　그런가 하면 어느 유치원에서는 말에 대한 능력을 테스트하기 위해 검은 콩으로 실험을 했습니다. 선생님들이 콩 한 움큼을 쟁반에 놓고 물을 주기 전 한 쟁반에는 '사랑이', 한 쟁반에는 '미움이'라고 기록하고, 유치원 아이들에게 두 주간 동안 '사랑이'와 '미움이'를 반복하라고 했습니다. 그 결과는 놀라웠습니다. '사랑이'는 싹이 1.5센티미터 정도 자랐고, '미움이'는 겨우 싹을 틔운 정도에 불과했습니다.

이처럼 말의 파동 에너지는 사람이나 동식물에도 큰 영향을 끼친다는 사실을 실험을 통해 알게 되었습니다.

우리가 사는 가정들을 보게 되면 어느 가정은 별로 가진 것 없고 크게 배운 것이 없는데도 참 행복하게 사는 가정이 있습니다. 그와 반대로 남부러울 것 없고 오히려 남들이 부러워할 많은 것들이 있는데도 불구하고 불평과 불만족으로 항상 고달프게 사는 가정이 있습니다.

왜 그럴까요? 말을 참 예쁘고 긍정적으로 하고 사는 사람과, 말을 밉고 부정적으로 하고 사는 사람의 차이인 것입니다.

아무리 어렵고 힘들어도 희망의 멋진 말을 하는 사람이 있습니다. 반대로 많이 가졌어도 배웠어도 절망의 말을 하고, 부정적인 거친 말을 하는 사람이 있습니다. 그 결과가 불행과 행복으로 나타나는 것입니다.

사람의 성숙 여부를 판단하는 가장 쉽고 빠른 방법은 그 사람의 언어를 듣는 것입니다. 그 사람이 어떠하냐는 그 사람의 말에서 엿볼 수 있습니다.

마음의 결정은 믿음이고 그 믿음은 파동이 되어, 우주에서 반드시 같은 파동을 끌어와 보이는 형태로 이루어집니다. 말은 그 사람의 지식과 사상에, 그리고 감정과 양심에 각인되어 그 사람의 의식과 무의식 세계를 지배하는 것입니다.

신약성경 중 말에 대하여 구체적으로 언급한 야고보서 3장 3-8절 말씀입니다.

"우리가 말을 순종케 하려고 그 입에 재갈 먹여 온몸을 어거하며 또 배를 보라 그렇게 크고 광풍에 밀려가는 것들을 지극히 작은 키로 사공의 뜻대로 운전하나니 이와 같이 혀도 작은 지체로되 큰 것을 자랑하도다 보라 어떻게 작은 불이 어떻게 많은 나무를 태우는가 혀는 곧 불이요 불의의 세계라 혀는 우리 지체 중에서 온몸을 더럽히고 생의 바퀴를 불사르나니 그 사르는 것이 지옥불에서 나느니라 여러 종류의 짐승과 새며 벌레와 해물은 다 길들므로 사람에게 길들었거니와 혀는 능히 길들일 사람이 없나니 쉬지 아니하는 악이요 죽이는 독이 가득한 것이라."

작은 키로 큰 배를 움직이는 이치와 같이 세 치 혀가 우리의 일생인 큰 배를 마음대로 움직이며, 혀는 불처럼 태우고, 쉬지 않는 악이요, 죽이는 독이라고 설명하고 있습니다. 이처럼 말에는 엄청난 파괴력이 있습니다.

예수를 믿는 사람들은 예수님의 피 값으로 천국을 소유한 존재들입니다. 내가 무언가를 행함으로 얻어진 것이 아닌, 예수님으로 말미암아 하나님께서 우리에게 주신 선물입니다.

그리스도인이 아무 대가 없이 거저 받아 소유한 것입니다. 그리스도인이 가지고 있는 것들은 다음과 같습니다. 믿음의 고백을 하며, 내가 가진 것을 성경과 똑같이 말해봅시다.

"내 안에 하나님의 생명이 있습니다"(요일 5:11-13; 롬 8:1-2; 요 10:10 후반절).
"내 안에 하나님의 능력이 있습니다"(엡 3:20-21; 골 1:29).
"내 안에 하나님의 지혜가 있습니다"(엡 1:8; 골 2:3).
"내 안에 하나님의 믿음이 있습니다"(요일 5:4; 갈 2:20).

"내 안에 하나님의 은혜가 있습니다"(엡 2:8).

"내 안에 하나님의 영광이 있습니다"(사 60:1; 요 17:22; 엡 3:16).

"내 안에 하나님의 사랑이 있습니다"(롬 5:5; 요일 4:7-11).

"내 안에 성령님이 거하고 계십니다"(고전 3:16, 6:19).

"그러므로 내 머리에 기름을 부으시니 내 잔이 넘치고 예수님을 믿으므로 내 배에서 생수의 강이 흘러나옵니다"(시 23:5; 요 7:37; 요일 2:20, 27).

하나님은 어떤 분이신가요?
- 당신과 나를 만드신 분
- 우주 만물을 창조하신 분
- 우리의 미래를 다 알고 계시는 분
- 우리같이 죄 많은 사람을 살려내기 위해 하나밖에 없는 아들을 대신 죽이시면서까지 나와 여러분을 사랑하신 분
- 우리를 절대 포기하지 않으시고 행복하기 원하시는 고마우신 분

이렇게 좋으신 하나님이 당신의 아버지가 되셔서 당신 편에 서 있다는 것을 믿으십시오. 하나님은 당신 편이십니다. 당신 앞에 있는 고난과 힘겨운 문제와 불리한 상황 속에서 떨며 두려워하지 마세요.

오히려 하나님께서 어떤 모습으로 당신을 구원해 주실지, 어떻게 이 문제를 풀어주실지, 어떤 곳으로 인도해 주실지, 하나님을 기대하고, 하나님을 바라봅시다. 그러면 당신의 삶 속에 획기적인 변화가 나타납니다.

삶이 힘들고 어려울수록 원망, 불평, 악담을 퍼붓고 저주의 말을 쏟아내지 말고, 하나님과 사람 앞에 감사의 언어, 치유의 언어, 회복의 언어, 생명의 언어인 멋진 말을 사용하면 머지않아 때가 되면 놀

라운 축복의 입구를 만나게 될 것입니다.

행복한 사람은 행복한 것만 생각하고 보게 됩니다. "돈은 얼마든지 있어"라고 말합니다(실제로는 없지만). 한 치 앞은 '어둠'이 아니라 '광명'입니다. 돈이 다가오는 말버릇으로 가속도를 높입니다.

"누추함과 어리석은 말이나 희롱의 말이 마땅치 아니하니 돌이켜 감사하는 말을 하라"(엡 5:4)에서 '돌이켜'는 'μᾶλλον'(말론)이란 헬라어로 '더욱더, 오히려'라는 뜻입니다.

감사할 수 없을 때, 불평하고 원망할 수밖에 없을 상황일 때 오히려 더욱더 감사하라는 것입니다. 물론 그것이 쉬운 것은 아닙니다.

그러나 원망하고 불평한다고 상황이 나아지고 좋아질 것 같으면 그렇게 하면 됩니다. 그러나 그러면 그럴수록 일은 더 꼬이고 어려워집니다. 왜냐하면 그가 원망이나 불평의 말을 했기에 그의 뇌가 들었고, 사탄이 들었으며, 하나님 귀에 들린 것이기 때문입니다.

2) 풀무불 연단

농약을 치지 아니하고 벼농사를 짓는 농부의 논에는 온갖 곤충들과 물고기들이 함께 살아갑니다. 그렇게 살아가는 물고기들 중에 미꾸라지와 메기가 있습니다. 미꾸라지들은 메기를 만나면 사력을 대해 도망을 칩니다. 메기가 미꾸라지들을 잡아먹기 때문입니다.

그런데 이상한 것은 메기가 있는 논에 살고 있는 미꾸라지들이 메기가 없는 논의 미꾸라지보다 훨씬 건강하고 통통하게 살이 오른다는 것입니다.

그래서 농부는 미꾸라지들 속에 메기를 몇 마리씩 넣어 놓습니다. 그래야 통통하고 기름진 미꾸라지를 수확할 수 있게 됩니다. 논에 미꾸라지들만 있게 되면 전혀 위기를 느끼지 못하여 활동하지를 않습니다. 활동하지를 않으니 약해져 병이 들게 됩니다.

그러나 같은 논에서 메기들과 함께 살아야 하는 미꾸라지들은 잡아먹히지 않으려고 열심히 헤엄치다 보니 자연히 운동량이 많게 되어 건강하고 통통한 미꾸라지로 자라게 됩니다.

무슨 말인가요? 하나님이 부정적인 말을 하는 자아(自我)를 처리하시려고 삶 가운데 넣어 놓으신 메기들은 그냥 괴롭기만 한 것이 아닙니다. 고난과 맞닥뜨려 씨름하고 고뇌하는 가운데 자신 안에 진리가 되지 못하는 요소들이 있는 것을 발견하고 처리하는 과정을 겪게 되는 것입니다.

잘 담금질되어 훈련된다면 몸도 마음도 단련 받아 지혜롭고 성숙한 믿음의 사람이요, 멋진 말, 즉 긍정의 말, 축복의 말, 소망의 말을 하는 사람으로 바뀌게 되는 것입니다.

성경 이사야서 48장에 이르기를, 하나님께서 당신의 사람들을 기르실 때에 고난의 풀무불에서 훈련시키신다고 하였습니다.

"보라 내가 너를 연단하였으나 은처럼 하지 아니하고 너를 고난의 풀무에서 택하였노라"(사 48:10).

훈련된 하나님의 나라 군사로 쓰시려고 하나님이 우리를 훈련하시는 동안은 어쩔 수 없이 고난을 만날 수밖에 없습니다. 그러나 평생토록 훈련을 받기만 하고 한 번도 하나님 나라를 누려 보지 못하고 인생을 끝내면 안 됩니다.

우리 기독교인은 하나님의 복을 받아 세상으로 흘려보내는 축복의 통로가 되어야 합니다. 제사장 나라가 되어야 한다는 말입니다. 성경도 그것을 말씀하고 있습니다.

"네가 네 하나님 여호와의 말씀을 삼가 듣고 내가 오늘날 네게 명하는 그 모든 명령을 지켜 행하면 네 하나님 여호와께서 너를 세계 모든 민족 위에 뛰어나게 하실 것이라 네가 네 하나님 여호와의 말씀을 순종하면 이 모든 복이 네게 임하며 네게 미치리니 성읍에서도 복을 받고 들에서도 복을 받을 것이며 네 몸의 소생과 네 토지의 소산과 네 짐승의 새끼와 우양의 새끼가 복을 받을 것이며 네 광주리와 떡반죽 그릇이 복을 받을 것이며 네가 들어와도 복을 받고 나가도 복을 받을 것이니라"(신 28:1-6).

"네 하나님 여호와께서 네 손으로 하는 모든 일과 네 몸의 소생과 네 육축의 새끼와 네 토지 소산을 많게 하시고 네게 복을 주시되 곧 여호와께서 네 열조를 기뻐하신 것과 같이 너를 다시 기뻐하사 네게 복을 주시리라"(신 30:9).

"저는 시냇가에 심은 나무가 시절을 좇아 과실을 맺으며 그 잎사귀가 마르지 아니함 같으니 그 행사가 다 형통하리로다"(시 1:3).

"아브라함이 나이 많아 늙었고 여호와께서 그의 범사에 복을 주셨더라"(창 24:1).

아브라함은 하나님의 은혜로 믿음의 조상이 되는 최고의 영적인 복뿐 아니라 육신의 삶에도 그의 범사에 복을 주셨다고 말하고 있습니다.

롯이 연합군 전쟁에 붙잡혀 갔을 때 아브라함의 집에서 훈련하는 군사의 수가 무려 318명이었다고 성경은 기록하고 있습니다. 그들을 먹이고 입히는 데 얼마나 많은 재물이 필요했겠습니까?

이삭도 보면 다음과 같습니다.

"이삭이 그 땅에서 농사하여 그해에 백 배나 얻었고 여호와께서 복을 주시므로 그 사람이 창대하고 왕성하여 마침내 거부가 되어 양과 소가 떼를 이루고 노복이 심히 많으므로 블레셋 사람이 그를 시기하여"(창 26:12-14).

야곱은 어떠한가요?

"이에 그 사람이 심히 풍부하여 양 떼와 노비와 약대와 나귀가 많았더라"(창 30:43).

"우리 주 예수 그리스도의 은혜를 너희가 알거니와 부요하신 자로서 너희를 위하여 가난하게 되심은 그의 가난함을 인하여 너희로 부요케 하려 하심이니라"(고후 8:9).

하나님은 복음을 위해 믿는 자들이 세상 속에서 복된 자로서 영향력을 끼치고 살기를 원하십니다.

필자는 22세에 논산훈련소에 입소해서 훈련을 받게 되었습니다.

첫날 저와 똑같은 훈련병 계급장을 단 훈련병에게 동료로서 동질감을 가지고 말을 건넸습니다.

"얘, 너는 고향이 어디냐?" 그런데 그 친구가 하는 말이 "야, 임마. 훈련병이면 다 똑같은 훈련병인 줄 알아? 급수가 다른 거야!" 하면서 제게 겁을 주는 것이었습니다.

그래서 제가 물었습니다. "그래, 너는 무슨 훈련병이냐?" 했더니 자기는 "훈련소 귀신"이라는 것입니다. "훈련소 귀신이 도대체 뭐냐?" 하고 다시 물었더니, 너보다 이 논산훈련소에 1년이나 먼저 들어와서 지금까지 있으니 훈련소 귀신이 아니고 뭐냐고, 자랑스럽게 말하는 것입니다.

궁금해진 저는 또 물었습니다. "얘, 너는 왜 6주면 마치는 훈련을 1년 동안이나 이 논산훈련소에서만 썩는 거냐?" 했더니, 훈련을 마칠 때쯤 되면 사고를 쳐서 유치장에 들어가고, 또 나와서 다시 훈련을 받다가 사고를 치고 하는 일을 반복하다 보니, 훈련을 마쳐야 자대배치(기존 부대)되어 본격적인 군 생활을 할 것인데 훈련을 마치지 못해 지금까지 훈련소에 남았다는 것입니다. 훈련을 마치지 못하니 항상 훈련생으로 남는다는 말입니다.

마찬가지입니다. 하나님이 창세기 12장에서 아브라함을 부르셔서 22장에서 이삭을 번제로 드리기까지, 다시 말해 아브라함의 자아(自我)가 처리되어 **'여호와 이레'** 하나님이 모든 것을 준비하셨다는 말을 하기까지 많은 훈련과 다루심이 있었습니다.

믿음의 사람으로 인정받기 전까지 참으로 아브라함의 믿음은 어설픈 행보였습니다. 본토 친척 아비를 떠나라 할 때 갈 바를 알지 못하고 떠난 것까지는 좋았지만, 그 과정에서 스타일을 많이 구기기도

하였습니다.

먼저 조카 롯을 데리고 같이 고향을 떠남으로써 어쩌면 그는 인간적으로 기댈 구석을 만들어 놓았던 것 같습니다. 아직 믿음이 성숙하지 않았기에 하나님이 전적으로 믿어지지 않았던 것이 아닐까요. 혼자서 고향을 떠나는 것이 그로서는 쉽지 않았기에 든든한 가족의 배경이 필요했으리라 생각합니다.

그러나 그의 기대와는 다르게 조카 롯은 아브라함의 든든한 동역자가 되지 못하고, 항상 아브라함의 행로를 가로막고 어려움을 주고 저지레만 하는 골칫덩이였습니다.

가나안으로 가는 노정에 기근을 만난 아브라함은 애굽으로 방향을 선회했습니다. 불신앙의 선택입니다. 하나님은 결코 애굽으로 가라고 하시지 않았는데도 기근 때문에 먹고 사는 일이 염려되어 일단은 살고 보자며 자기 방법으로 방향을 틀었던 것입니다.

결국 애굽에 내려가서 사랑하는 아내까지도 누이라고 속이는 말을 하게 됐으며, 급기야 그 말 때문에 왕에게 아내를 바쳐야 하는 치욕을 당합니다.

결정적인 순간에 하나님은 아브라함의 아내를 구하여 그에게로 돌려놓으셨지만 그는 애굽 왕 앞에서 말로 속인 것에 대한 책망까지 들어야 하는 수모를 당하였습니다. 이런 치욕적인 실수가 한 번만 있었던 것이 아니라 다음에도 같은 실수를 또 한 번 더 저지르게 됩니다.

그것뿐만 아니라 아브라함은 하나님의 방법이 아닌 자신의 방법으로 이스마엘을 얻었습니다. 하나님은 이미 아브라함의 몸에서 대를 잇는 아들을 낳을 것이라고 약속하셨지만, 아브라함과 아내 사라는 하나님의 약속의 때를 기다리지 못하고 조급함으로 이스마엘을 얻은 것입니다.

순전히 하나님의 뜻을 자신들의 생각에 맞추려는 불순종한 인간의 모습을 보게 되는 장면입니다.

결국 이스마엘의 자손들은 이삭의 자손들과 대적관계가 되어 크나큰 고통을 주었고, 지금도 중동의 상황을 보면 아브라함의 실수가 얼마나 큰 파장을 가지고 왔는지를 알 수 있습니다. 이토록 믿음의 조상일지라도 우리와 다를 바 없는 연약성을 가지고 있는 사람이었던 것입니다.

그러나 그런 연약한 아브라함일지라도 하나님은 그를 선택하시고 훈련시키셨습니다. 때로는 실수할 때마다 가만히 지켜만 보시면서 스스로 깨닫게 하시고, 또 아브라함 자신의 능력으로 해결할 수 없을 때에는 하나님께서 직접 개입하셔서 건져내 주시고, 도저히 상상할 수도 없는 일을 말씀하시면서 그에게 확고한 비전을 심어 주시고, 결국 한 나약한 사람을 선택하셔서 그를 믿음의 조상으로 만들어 가신 것입니다.

그 과정이 바로 훈련이요, 연단의 과정입니다. 그 훈련 과정 동안 아브라함이 얼마나 힘들었을까 짐작이 갑니다.

아내를 빼앗기고 잠을 이루지 못하고 전전긍긍하며 온 밤을 왕궁 주변을 서성였을 것이며, 하나님의 은혜로 아내를 되찾았을 때 얼마나 창피하고 아내에게 미안했을 것이며 종들 앞에 면목이 없었을까요. 자기 육신의 방법과 꾀로 선택한 결과가 이렇게 쓴잔이 되어 돌아올 줄이야…

하나님의 말씀에 순종하여 비록 가나안에 흉년이 들었지만 그곳에 있었으면 이런 수모는 당하지 않아도 될 터인데, 후회막급하였을 것입니다.

본토 친척 아비 집을 떠나라고 하셨을 때 순종하여 아내와 둘만 나왔더라면 롯 때문에 당하는 고통 또한 없었을 것 아닌가요? 롯의 양 떼가 불어나 더 이상 롯과 아브라함이 함께 살 수 없을 때 아들처럼 아끼고 사랑했던 조카지만 서로 갈라설 수밖에 없는 아픔을 겪기도 했습니다.

"아브람이 롯에게 이르되 우리는 한 골육이라 나나 너나 내 목자나 네 목자나 서로 다투게 말자 네 앞에 온 땅이 있지 아니하냐 나를 떠나라 네가 좌하면 나는 우하고 네가 우하면 나는 좌하리라"(창 13:8-9).

우리 속담에 "찬물도 위아래가 있다" 했는데 큰아버지의 그 사랑을 배신하고 기름지고 아름다운 땅을 선택해 버리는 롯을 보면서 아브라함의 마음은 얼마나 힘들었을까요?

그 후 소돔에 거하는 네 왕들이 롯과 그 재물을 빼앗아 갔을 때에도 자신의 가병을 데리고 야음을 틈타 기습하여 목숨을 걸고 다시 찾아오는 모험을 롯 때문에 겪어야 하기도 했습니다.

소돔 성의 멸망을 앞두고 롯을 살리고자 의인 50명에서부터 시작하여 10명에 이르기까지 여섯 번이나 '야훼' 하나님께 간청하기도 했습니다.

아브라함이 이런저런 훈련과 하나님의 다루심을 통하여 믿음이 성숙해져 갈 때 하나님은 그가 가장 소중히 여기는 백 세에 얻은 아들 이삭을 제물로 바치라고 말씀하셨습니다.

여느 때처럼 자신의 생각이나 머리로 판단하지 않고, 다시 말해 머리 굴리며 계산하지 않고 즉시 순종한 것입니다. 훈련을 통해 아브라함이 가진 믿음의 유연성입니다.

유연성이란 부드러움인데 하나님과 사람에 대하여 자기 계획, 자기 생각, 자기 방법을 고집하지 않는 것입니다. 이것은 곧 하나님의 다루심을 통해 자아가 깨뜨려졌다는 증거이기도 합니다.

오랜 세월이 걸렸지만 고난의 훈련을 통해 이제는 자기로 사는 자가 아니요, 주님으로 사는 자가 되었다는 것입니다. 하나님이 기대하고 바라시던 한 작품이 드디어 완성된 것입니다.

"사자가 가라사대 그 아이에게 네 손을 대지 말라 아무 일도 그에게 하지 말라 네가 네 아들 네 독자라도 내게 아끼지 아니하였으니 내가 이제야 네가 하나님을 경외하는 줄을 아노라"(창 22:12).

100세에 얻은 아들, 금이야 옥이야, 쥐면 꺼질까 불면 날아갈까, 날마다 눈만 뜨면 우르르 까꿍, 우르르 까꿍 하며, 오늘은 잼잼, 내일은 도리도리, 그야말로 천신만고 끝에 얻은 귀한 자식의 재롱에 취해, 어떻게 보면 선물로 받은 이삭을 선물을 주신 하나님보다 더 사랑하는 것 같은 상황에서 하나님은 아브라함의 믿음을 테스트해 보신 것입니다.

이렇게 아브라함처럼 하나님의 사람으로 인정되어 "예수님 한 분으로 만족합니다"라고 말하기까지는 누구에게나 광야와 터널의 훈련 과정이 있음을 명심해야 합니다.

"네 하나님 여호와께서 이 사십 년 동안에 너로 광야의 길을 걷게 하신 것을 기억하라 이는 너를 낮추시며 너를 시험하사 네 마음이 어떠한지 그 명령을 지키는지 아니 지키는지 알려 하심이라 너를 낮추시며 너로 주리게 하시며 또 너도 알지 못하며 네 열조도 알지 못하던 만나를 네게 먹이신 것은 사람이 떡으로만 사는 것이 아니요 여호와의 입에서 나오는 모든 말씀으로 사는 줄을 너로 알게 하려 하심이니라"(신 8:2-3).

광야 길을 걷게 하신 이유가, 인생이 떡 가지고, 다시 말해 세상 것 가지고 사는 것이 아니라 하나님의 말씀으로 산다는 것을 경험하고 체득하며 확신할 때까지는 어쩔 수 없이 고난의 풀무에서 단련되어야 하고, 광야의 학습이 필요한 것입니다.

하나님 말씀의 용광로에서 담금질되어야 비로소 하나님 나라의 통로로서 쓰임 받기 시작한다는 것입니다. 하나님은 당신의 자녀를 선택하시고 그 택한 자와 언약을 맺으십니다(시 89:3).

고난의 시간을 보낼 때 인내하면서 때론 이런 생각을 하게 됩니다. '나는 과연 하나님의 말씀에 통제되며 제대로 된 훈련을 받고 있는 것인가? 아님 하나님과 상관없는 내 잘못으로 인한 결과를 가지고 하나님께 훈련받는다고 잘못 생각하는 것은 아닌가?'

'사실 여태껏 내 인생 내가 살아오지 않았는가? 모든 것을 내 판단대로 했고, 때로는 하나님께 의뢰하기도 했지만 결정적인 순간에는 늘 내 방식대로 했으며, 말이 통제되지 않은 채 거친 말과 부정적인 말을 하며 살지 않았는가?'

최근에 하나님께서 저를 훈련하신다는 어떤 확신을 갖게 만드는 일련의 사건들을 통해, 이런 절망이 소망으로 바뀌고 있습니다. 아직 아브라함처럼 이삭을 바칠 순도 100%의 믿음은 갖추지 못하고 여전히 공사 중이지만 믿음의 순도가 차츰차츰 높아져 가고 있음은 고무적입니다.

그리고 이것이 하나님께서 주시는 훈련이라는 그 확신이 더욱 커지고 있습니다. 오늘도 내일도 또 그 훈련을 할 것입니다. 점점 잘되고 좋아질 것을 입술로 고백하면서….

요즘 유행하는 말 중 '금수저, 은수저, 흙수저'라는 말이 있습니다. 무슨 말인지 독자들은 다 알고 계실 것입니다. 금수저로 태어난 아이들이 은수저나 흙수저보다 성공할 확률이 훨씬 높고, 은수저로 태어난 아이들은 흙수저보다 성공할 확률이 높다는 얘기이지요.

저는 흙수저로 태어났으며, 흙수저 중에서도 지독한 흙수저입니다. 가난한 농부의 아들로 태어나 살다가 시골 고향을 나올 때까지 저희 집은 논 한 평 없는 가난한 집안이었습니다. 밭도 남의 밭을 소작으로 짓고 있었으며, 나중에 겨우 밭 몇 마지기를 부모님이 샀을 때 얼마나 기쁘던지 세상에서 가장 부자가 된 느낌이었습니다.

논이 없으니 소가 있을 이유가 없어 친구들이 소를 몰고 산(山)으로 소 먹이러 갈 때면 그게 그렇게도 부러워 저도 소를 한번 몰아보고 싶어 고삐를 달라고 해서 몰고 가기도 한 적이 한두 번이 아니었습니다.

중학교도 제대로 졸업하지 못해 고등공민학교(중학과정)를 마치고 객지로 나와 주경야독하며 야간 고등학교를 졸업하고 또다시 생활 전선에 뛰어들어야 했습니다.

대학도 40세가 다 되어서 졸업하고 주님의 부르심이 있어 다시 신학을 공부하고 목사가 되어 지금의 교회를 섬기고 있습니다. 그 파란만장한 세월을 어찌 말로 다 표현할 수 있겠습니까. 그런 과정에서 죽을고비도 대여섯 번은 넘겼습니다. 지금 생각하면 모두가 다 하나님의 은혜입니다.

한 가지 분명한 것이 있습니다. 제가 입술의 말에서 원망이나 불평의 부정적인 말을 끝내고 감사와 치유, 회복의 긍정적인 멋진 언어로 고치면서부터 인생이 회복되고 피어나며 잘되기 시작했다는 것을 말씀드리고 싶습니다. 지금은 범사에 행복할 따름입니다.
오늘 우리가 한 말 한마디로 누군가의 인생이 바뀔 수 있다는 것을 명심합시다. 입 때문에 흥하고, 입 때문에 망하는 사람이 얼마나 많습니까?

6.

네 가지 마음 밭

　인정받는 믿음의 자리에 이르는 기회(test)가 올 때 불평하지 않고 감사하는 말을 하는 자가 된다는 것은 옥토의 마음이 되는 것입니다. 열매는 옥토에서만 맺게 되어 있습니다. 척박한 땅에서는 나무가 열매를 맺을 수 없습니다. 그래서 열매를 맺게 하려고 농부는 심혈을 기울여 땅을 깊이 갈아 굵고 큰 덩이를 깨고 흙을 부드럽게 만들며 거름을 주고 땅을 기경합니다.
　그 사람의 입에서 나오는 말을 들어보면 그가 길가의 마음 밭인지, 아니면 돌밭이며, 가시떨기 밭인지를 압니다. 물론 옥토인지도…. 왜냐하면 말이 곧 그 사람의 인격이며, 그 사람 믿음의 현주소를 가르쳐 주고 있기 때문입니다.
　믿음이 얕은 자는 얕은 말을, 믿음이 깊은 자는 깊은 말을 합니다. 깊은 바다가 깊은 물을 부르는 이치와 같다고 할 수 있습니다.
　믿음이 없는 자는 믿음이 없는 말을, 믿음이 있는 자는 믿음의 말을 합니다. 그 안에 있는 모습 그대로를 말로 표현하기 때문입니다. 때로는 과장되게 포장하여 말할 수도 있겠지만 거짓의 껍질은 금방 벗겨지고 맙니다.

예수님은 사람들의 마음의 상태를 4가지 비유로 말씀하셨습니다.

"예수께서 비유로 여러 가지를 저희에게 말씀하여 가라사대 씨를 뿌리는 자가 뿌리러 나가서 뿌릴새 더러는 길가에 떨어지매 새들이 와서 먹어 버렸고 더러는 흙이 얇은 돌밭에 떨어지매 흙이 깊지 아니하므로 곧 싹이 나오나 해가 돋은 후에 타져서 뿌리가 없으므로 말랐고 더러는 가시떨기 위에 떨어지매 가시가 자라서 기운을 막았고 더러는 좋은 땅에 떨어지매 혹 백 배, 혹 육십 배, 혹 삼십 배의 결실을 하였느니라 귀 있는 자는 들으라 하시니라"(마 13:3-9).

1) 첫째는 길가와 같은 마음

앞서 요셉의 자아가 어떻게 깨졌는가에 대해 나눴습니다. 좀 더 구체적으로 우리의 자아에는 어떤 자아들이 있는가를 나눠 보고자 합니다.

마태복음 13장 4, 19절을 보면 말씀이 떨어지나 그 말씀을 사탄이 빼앗아 가서 전혀 뿌리내리지 못하는 마음을 '길가와 같은 마음'이라고 말하고 있습니다. 어떤 사람이 이러한 마음을 가지고 있을까요?

(1) 자아가 강한 사람

자아는 우리로부터 하나님의 얼굴을 가리는 불투명한 휘장과 같습니다. 자아가 강한 사람은 하나님의 일과 하나님의 말씀에 관해서 도무지 관심이 없습니다. 그래서 자아가 강한 사람의 자아를 깨뜨리기란 참으로 힘든 일입니다.

단순한 교훈만으로는 자아를 깨뜨릴 수 없습니다. 이런 사람은 그 입의 말이 거칠고 원색적일 수밖에 없습니다. 왜냐하면 정제되지 않았기 때문입니다.

(2) 이성을 중시하는 이성주의자

이성주의자들은 자신의 이성을 초월하는 지식이나 현상을 도무지 용납하려고 하지 않습니다. 그러나 이성주의자들이 첫 번째 할 일이 있습니다. 그것은 '인간의 이성은 한계가 있다'는 사실을 겸허하게 인정하는 일입니다. 이성은 하나님의 말씀의 포로가 되어야 합니다.

(3) 무감각한 사람

마음속에 상처가 있음에도 불구하고 상처를 느끼지 못하는 무감각한 증상 때문에 많은 사람들이 하나님의 말씀의 필요성을 느끼지 못하고 있습니다. 상처는 노출되어야 치료될 수가 있습니다. 환자가 아픈 증상을 감추면 치료받을 수 없습니다.

그러므로 '아픔을 느낀다'는 것은 슬픔이라기보다는 축복입니다. 왜냐하면 '치료받을 가능성이 있다'는 말이기 때문입니다.

마찬가지로 죄의식 때문에 몸부림치는 사람이 치료받을 가능성이 있습니다. 영적인 무감각증에 걸린 사람은 하나님의 말씀을 한 귀로 듣고 한 귀로 흘려 버리는 길가와 같은 마음을 가진 사람인 것입니다.

2) 둘째는 돌밭과 같은 마음

마태복음 13장 5-6, 20-21절을 보면, 말씀이 떨어져 곧 싹이 나오나 뿌리가 없어 어려움을 당할 때 넘어지는 마음을 '돌밭과 같은 마음'이라고 말하고 있습니다. 어떤 사람이 이러한 마음을 가지고 있습니까?

(1) 고난이 올 때 고난을 견디지 못하는 사람

하나님을 깊이 아는 길은 쉽지가 않습니다. 그 길은 마음의 가난함과 열악한 환경을 극복해야 하는 길이기도 하며, 때로 영혼의 밤, 고난의 언덕을 만나고 그 외로운 골짜기를 지나가야만 하는 길입니다. 또한 이러한 길은 당연히 있어야 하는 길이기도 합니다.
그럼에도 불구하고 고난이 왔다고 하나님의 말씀에 대한 신뢰를 져버리는 자는 '돌밭과 같은 마음'을 가진 사람입니다. 우리는 축복의 기독교와 고난의 기독교를 동시에 긍정해야 합니다.

(2) 감정을 앞세워 신앙생활을 하는 사람

감정은 신앙생활에 열정을 갖게 하는 데 지대한 역할을 하기도

하지만 너무 감정으로만 신앙생활을 하면 믿음이 자라나지 않습니다. 감정이 사탄의 출입문 역할을 하는 경우가 많기 때문입니다.

감정의 기복이 심해 이성을 잃게 되면 패륜적인 행동을 하게 되며, 신앙도 팔고, 인정도 팔고, 도의도 팔고, 교회도 팔고, 선생도 팔아 버리는 가룟 유다와 같은 사람이 됩니다.

(3) 신앙적 교만에 빠진 사람

조그마한 신앙적 성취로 교만에 빠지면 얼마 지나지 않아 오히려 신앙을 잃어버리게 됩니다. 남보다 봉사를, 기도를, 헌금을 더하고, 성경을 조금 더 읽으면 당장 다른 사람보다 월등하다는 착각에 빠지는 분들이 있습니다.

또한 교회에서 직분을 받았을 때 그 직분을 통해 더 충성하고 더 겸손하라는 하나님의 맡기심인 줄 모르고, 이제는 오를 데까지 올랐으니 다 된 줄 생각하고 자고하는 사람이 있습니다.

이처럼 조그마한 신앙적 성취를 보고 교만에 빠지는 사람들을 다른 말로 '공로의식'에 빠진 사람이라고 하는데, 바로 '돌밭과 같은 마음'을 가진 사람입니다.

역시 이런 사람들의 입에서 나오는 말도 순기능적이고 진리인 말보다는 역기능적이고 비진리인 말이 많습니다.

3) 셋째는 가시떨기 밭과 같은 마음

말씀이 떨어져 뿌리를 내려 어느 정도 자라게 되나 염려와 유혹으로 결실하지 못하는 마음을 '가시떨기 밭과 같은 마음'이라고 합니다. 어떤 사람이 이러한 마음을 가지고 있을까요?

(1) 말씀은 어느 정도 알고 있으나, 세상의 염려와 재리의 유혹을 떨치지 못하는 사람(생존의 문제가 아닌 부르심의 문제임을 모릅니다)

요즈음의 세련된 현대 성도들은 돈을 너무 많이 생각하는 경향이 있습니다. 마치 천 년의 신비가 연상되는 고상한 학 한 마리가 한 다리로 서서 영원을 묵상하는 듯 보여도 그 앞에 지나가는 개구리를 보면 정신없이 잡아먹는 것과 같습니다.

그래서 대부분의 사람들의 눈을 보면 100원짜리 동전처럼 생겼다는 말도 합니다. 그처럼 몇 푼의 돈에 신경질을 내고 인격을 파는 사람이 가시떨기 밭과 같은 마음을 가진 사람입니다.

필자가 목회를 하면서 신앙생활을 잘하던 성도들이 넘어지고 자빠져 일어나지 못하는 원인을 살피고 분석하다가 거의 대부분이 이 세 번째 비유인 '가시떨기 밭' 곧 재리의 유혹과 염려의 함정에 빠진다는 것을 알게 되었습니다.

성도뿐만 아니라 성도들에게 하나님의 말씀을 전하는 목사인 필자도 이 올무에 걸려 한동안 힘들었던 경험이 있습니다. 그래서 이 부분에 대하여 조금 깊이 다뤄 보고자 합니다.

부모들이 자녀를 낳아서 기르다 보면 염려, 근심, 걱정이 떠나지 않고, 답답할 때가 많습니다. 자녀가 한 명이면 한 명, 다섯 명이면 다섯 명, 늘 염려와 근심거리가 떠나지 않습니다.

소금 장사와 우산 장사를 하는 아들을 둔 부모 이야기가 있습니다. 날이 좋으면 우산 장사하는 아들이 걱정이고, 비가 오면 소금 장사하는 아들이 걱정입니다. 하루라도 염려와 근심이 떠나가지 않습니다. 저와 여러분 또한 늘 염려 속에 빠져서 살아갑니다. 우리가 얼마나 체질적으로 염려하는지 모릅니다.

기도하면서도 염려합니다. 훌훌 털고 일어나야 하는데, 다시 염려를 짊어지고 갑니다. 심지어는 앞에 오지도 않은 일을 미리 가불하여 염려하기도 합니다.

사업하시는 분들은 사업이 잘되는데도 '앞으로 안 되면 어떡하지' 하면서 염려합니다. 이렇게 염려 속에 완전히 파묻혀 살아가는 모습을 볼 수 있습니다. 그러나 우리 주님은 염려하지 말라고 하십니다.

"그러므로 내가 너희에게 이르노니 목숨을 위하여 무엇을 먹을까 무엇을 마실까 몸을 위하여 무엇을 입을까 염려하지 말라 목숨이 음식보다 중하지 아니하며 몸이 의복보다 중하지 아니하냐 공중의 새를 보라 심지도 않고 거두지도 않고 창고에 모아 들이지도 아니하되 너희 천부께서 기르시나니 너희는 이것들보다 귀하지 아니하냐 너희 중에 누가 염려함으로 그 키를 한 자나 더할 수 있느냐 또 너희가 어찌 의복을 위하여 염려하느냐 들의 백합화가 어떻게 자라는가 생각하여 보라 수고도 아니하고 길쌈도 아니하느니라 그러나 내가 너희에게 말하노니 솔로몬의 모든 영광으로도 입은 것이 이 꽃 하나만 같지 못하였느니라 오늘 있다가 내일 아궁이에 던지우는 들풀도 하나님이 이렇게 입히시거든 하물며 너희일까보냐 믿음이 적은 자들아 그러므로 염려하여 이르기를 무엇을 먹을까 무엇을 마실까 무엇을 입을까 하지 말라 이는 다 이방인들이 구하는 것이라 너희 천부께서 이 모든 것이 너희에게 있어야 할 줄을 아시느니라 너희는 먼저 그의 나라와 그의 의를 구하라 그리하면 이 모든 것을 너희에게 더하시리라"(마 6:25-33).

우리가 낳은 내 자식은 내가 먹이고 입히고 잠 재워 주면서 양육합니다. 필요한 것은 언제든지 공급해 줍니다. 학용품이 필요하면 학용품을, 용돈이 필요하면 용돈을, 옷이 필요하면 옷을 사 줍니다. 몸이 아프면 병원에 데리고 가서 치료해 줍니다. 왜냐하면 그가 내 아들이기 때문입니다. 하나님의 자녀는 이처럼 하나님께 귀한 존재입니다.

나 자신이 새만 못하고 들의 꽃 한 송이만도 못한 존재가 아니라면, 먹고 입고 마시는 것을 염려할 필요가 어디 있겠습니까?

■ 생존의 문제에서 사명의 문제로

인생은 무엇을 위해 사는 것일까요? 다시 말해 '생존을 위해 존재하는 것이 인생인가, 아니면 사명을 위해 존재하는 것이 인생인가?'라는 논제는 약간은 철학적인 질문이라고 볼 수 있기도 하지만 신앙인이라면 이 물음에 분명한 답을 가지고 있어야 합니다. 인간의 존재 이유를 모르면 삶의 보람도 의미도 없는 생활이 되고, 그런 사람은 행복하거나 가치 있는 생활을 할 수 없기 때문입니다.

우리는 세상에 존재하는 것도 중요하지만 나의 삶에 대한 목적, 바로 하나님의 부르심(사명)을 발견할 수 있어야 합니다.

하나님의 형상으로 지음을 받았으면서도 자기를 알지 못해서 되는 대로 그럭저럭 생존에 묶여 사는 사람들이 너무도 많습니다.

우리가 예수님의 십자가의 공로를 의지해서 하나님의 자녀가 된

순간부터 우리는 세상을 향한 하나님의 구원하심과 하나님의 나라를 위해서 사명으로 살도록 부르심을 받은 것입니다.

생존의 문제만 붙들고 마치는 인생은 마치 서론만 있고 본론은 없는 책과 같습니다. 이제 우리는 생존의 문제에만 매달릴 것이 아니라 사명의 문제에 관심을 가지고 고민하며 힘을 쏟아야 합니다.

그러기 위해서는 우선 내 인생의 목적이 무엇인지를 알아야 합니다. 모든 물건에는 제조 목적이 있습니다. 그리고 그 목적대로 사용해야 합니다.

인생에는 하나님이 창조하신 목적이 있습니다. 창조의 목적은 곧 하나님을 섬기기 위함입니다(출 3:12). 그리고 하나님의 복을 온 땅에 흘려보내는 통로가 되는 것입니다.

그런가 하면 뜻이 하늘에서 이루어진 것처럼 하나님의 나라가 나를 통하여 이 땅에 도래하도록 최선을 다해 사는 것이 곧 부르심에 합당하게 사는 것입니다.

이것을 망각하고 사는 자는 부르심을 모르고 생존만을 위해 사는 자입니다. 인생을 제대로 살려면 인생의 목적을 분명히 깨닫는 것부터가 시작입니다.

그리고 이 목적, 다시 말해 부름심의 사명을 깨닫게 되면 인생을 두려움 없이 담대하게 살아갈 수가 있습니다.

"사명(使命)자는 수명(壽命)자다"라는 말이 있습니다. 사명이 있을 때까지는 죽지 않는다는 말입니다.

하나님은 우리 인생의 목적의 문제에 도달할 수 있도록 당연히 생존의 문제를 책임져 주십니다.

사실 모든 성도는 하나님의 나라를 세상에 전파하는 사명자입니다. 하나님은 자녀 된 우리를 통해서 세상을 구원하고 산 소망을 전하게 되기를 원하시는 것입니다.

인생의 모습은 다양해 보여도 사실 알고 보면 두 가지 모습으로 압축할 수 있습니다. 단지 생존하기 위한 것인가, 아니면 사명을 위해서 생존하는가 하는 문제입니다.

이런 관점에서 보자면 이 땅에서 제일 능력 있게 사는 사람은 어떤 사람일까요? 자기 사명을 발견하고, 그 사명의 결대로 사는 인생입니다. 이것보다 강력한 인생은 없습니다. 그래서 사명을 깨닫는 것은 너무나 소중하고 시급한 일입니다.

마태복음 6장 25-33절을 보면 주님께서 두 종류의 사람을 말씀하고 계십니다. 25-32절은 생존을 위해 사는 사람들을, 33-34절은 부르심으로 사는 자, 곧 사명자들을 말씀하고 계십니다.

사명으로 사는 사람의 반대말이 무엇인가 하면, 그건 생존만을 위해 사는 사람이라고 할 수 있을 것입니다. 그렇다면 생존으로 사는 사람은 어떤 사람일까요? 생존으로 사는 사람은, 예수님의 산상수훈의 표현으로 말하자면 '**무엇을 먹을까 무엇을 마실까 무엇을 입을까**' 염려하며 사는 사람입니다.

언제나 그렇지만 사람은 생존의 차원을 뛰어넘어야 의미를 발견하는 법입니다. 그래야 비로소 사명을 알게 되고, 그래야 그때부터 최고의 인생을 살게 되는 것입니다.

그런데 생존으로 사는 것은 그저 먹고 마시고 입는 것에 머물러 있다는 것입니다. 그것은 바로 마귀의 작전입니다. 마귀는 우리로 하여금 평생 생존에 매달려 살도록 유도합니다.

우리 모두가 얼마나 오랫동안 이 문제에 시달려 왔습니까?

어쩌면 우리는 이런 사실조차 모르고 살아왔는지도 모릅니다. 오늘 우리는 이 문제에 대해 심각하게 고민해야 합니다. 앞으로도 생존으로 살려고 한다면 이것은 교회 문을 나서자마자 당장에 우리를 괴롭힐 것이기 때문입니다.

먼저 이 문제에 있어서 분명히 못 박아 둡니다.

예수님 말씀에 의하면 생존은 하나님의 책임입니다. 절대로 우리의 책임이 아닙니다. 그런데 우리는 어리석게도 생존의 책임이 내게 있는 줄 압니다.

그래서 흔한 말로 **"다 먹고 살려고 하는 일이야!"** 라고 그렇게 말합니다. 그러나 예수님은 그렇지 않다고 말씀하십니다. **먹고 마시고 입는 것은 우리 일이 아니라 하나님 소관이라는 것입니다.**

마태복음 6장 26절에 무엇이라고 말씀하고 계십니까?

"공중의 새를 보라 심지도 않고 거두지도 않고 창고에 모아들이지도 아니하되 너희 천부께서 기르시나니 너희는 이것들보다 귀하지 아니하냐."

너희가 새만도 못하냐? 그런 말씀 아닙니까? 새보다 못한 인생은 아니지요? 여러분! 새들이 굶어 죽는 것 봤습니까? 가끔 포수의 총

6. 네 가지 마음 밭

에 비명횡사하는 경우는 있어도 굶어 죽는 새는 없습니다. 그런 미물조차도 하나님이 다 먹이신다는 겁니다. 하물며 우리 인간은 얼마나 더 소중한 존재입니까?

마태복음 6장 28절을 보면, "또 너희가 어찌 의복을 위하여 염려하느냐 들의 백합화가 어떻게 자라는가 생각하여 보라 수고도 아니하고 길쌈도 아니하느니라"라고 말씀합니다.

백합이 얼마나 예쁩니까? 그런데 그 백합도 자기가 수고해서 입은 게 아니라는 겁니다. 하나님이 친히 입히셨다는 것입니다. 이렇게 새와 백합도 먹이시고 입히시는 분이 우리를 굶기시고 벌거벗고 살게 하시겠습니까?

다시 말씀드리면, **생존은 하나님 책임입니다.** 하나님께 달려 있습니다. 생존은 하나님의 영역이지, 우리 영역이 아니라는 것입니다. 이 사실을 깨닫고 앎으로 비로소 생존을 위해 살던 자가 부르심의 사명으로 사는 자로 바뀌게 되는 것입니다.

하나님을 기쁘시게 하고 싶으십니까? 그렇다면 먼저 믿어야 할 것은 생존은 내 소관이 아니라 하나님 소관이란 것입니다. 그래야 세상 염려와 재리에서 벗어나 드디어 옥토의 마음 밭 단계로 나아갈 수 있습니다.

생존은 하나님께 달린 것이지, 인간에게 달려 있는 게 아닙니다. 이것이 산상수훈의 위대한 선언입니다. 잊지 맙시다!

예수를 믿는다는 것은 생존을 뛰어넘어 사명의 가치로 살아가는 것입니다. 하나님은 우리 모두에게 생존에 필요한 것들은 이미 다 주셨습니다. 그래서 생존은 지금 당장이라도 벗어날 수 있습니다. 왜냐하면 생존은 하나님께 달린 것이고, 하나님의 소관이기 때문입니다.

그렇다면 사명이란 무엇일까요?
사도행전 21장 10-14절을 보면, 아가보라는 선지자가 바울의 허리띠를 가지고 성령의 말하게 하심을 따라 예언을 합니다. 예루살렘에 올라가면 잡혀 죽는다며 올라가지 말라고 합니다.
하지만 바울은 고집스럽게 올라갑니다. 그리고 자신을 괴롭히지 말라고 합니다. 결국은 올라가 붙잡혀 로마 옥중에서 순교합니다.

"나의 달려갈 길과 주 예수께 받은 사명 곧 하나님의 은혜의 복음 증거하는 일을 마치려 함에는 나의 생명을 조금도 귀한 것으로 여기지 아니하노라"(행 20:24).

사명자의 위대한 고백이 아닙니까? 이것이 바울 개인에게 있어 사명의 자리입니다. 사명자는 자기가 죽을 자리를 아는 것이지요. 생존의 문제가 아닌 사명으로….

그렇다고 해서 우리 모두가 다 바울처럼 순교하라는 것이 아닙니다. 오해하시면 안 됩니다. 하나님은 각 사람 각 사람에게 마태복음 25장에서 말씀하신 것처럼 어떤 사람에게는 다섯 달란트를, 어떤 사람에게는 두 달란트를, 또 어떤 사람에게는 한 달란트를 각각 그 재능대로 맡기셨다고 합니다.

이 말은 무얼 먹을까 무얼 마실까에 꽂혀서 아까운 시간을 낭비하지 말고, 나에게 무슨 사명이 있기에 하나님이 부르셨는가를 성경 말씀을 통해서 아니면 기도하는 가운데 깨닫고 알아 다섯 달란트,

두 달란트 받은 자처럼 살아가라는 말입니다.

부디 생존의 문제에 묶여 아까운 시간 낭비하며 낑낑대지 마시고 부르심의 사명을 발견하고 사시기 바랍니다. 생존은 하나님이 책임져 주십니다. 왜냐하면 사명은 생존보다 귀한 것이기 때문입니다. 농사지을 수 없는 광야에서도 하나님은 당신의 백성들을 굶기지 않고 먹이셨습니다.

"이스라엘 자손이 사람 사는 땅에 이르기까지 사십 년 동안 만나를 먹되 곧 가나안 지경에 이르기까지 그들이 만나를 먹었더라"(출 16:35).

광야는 농사를 지을 수 없는 척박한 곳입니다. 먹을 것이 없으면 당장 200~300만 명의 사람들이 굶어 죽습니다. 그런데 하나님은 놀랍게도 하늘에서 만나를 내려 그들을 먹여 살리셨습니다. 단 하루도 빠지지 않고 매일매일 만나를 내려주셨습니다. 이렇게 하나님은 이스라엘 백성들의 먹는 문제를 책임져 주셨습니다.

"주께서 사십 년 동안 너희를 인도하여 광야를 통행케 하셨거니와 너희 몸의 옷이 낡지 아니하였고 너희 발의 신이 해어지지 아니하였으며"(신 29:5).

그뿐만 아니라 입는 옷과 신발의 문제도 이렇게 해결해 주셨습니다. 어떻게요? 옷이 낡아지지 않고 신발이 떨어지지 않게 말입니다.
하나님께서는 40년 동안 이스라엘 백성을 구름기둥, 불기둥으로 인도하셨습니다.

구름 기둥 불기둥

백성(百姓) 중에
거(居)하시는
'야훼'의 보좌(寶座)
죄(罪) 사함 받는
은총(恩寵)의 통로

광야에 성막(聖幕)
세우시던 그날
당신의 영광(榮光)
온누리에 가득하셨다지요
얼마나 기쁘셨기에?

거기서 너와 내가 만나고
내가 너에게
법도(法道)를 일러 주리라
성소(聖所)에서…

광야(廣野)에
어둠이 내리면
성막(聖幕) 위에
불기둥 매달으시고

추위 떠는 백성들
온몸 녹이시며

해 돋으면
하늘에 구름 펴시고
더위 지친 백성들
쉬어 가라네
불기둥 멀어지면
추위가 찾아오고
구름 기둥 멀어지면
더위가 쫓는구나

하지만
낮의 해도 밤의 달도
내 백성 이스라엘
해치 못하리 결코…

고픈 배 만나로 먹이시고
갈(渴)한 목
반석(磐石)에서 생수로
신발 옷
낡아지지 않도록

'야훼'
자기 백성

목자(牧者)이셨네

동(東)에는 유다,
잇사갈, 스불론
남(南)에는 르우벤,
시므온, 갓 지파
서(西)편엔 에브라임,
므낫세, 베냐민이요
북(北)쪽에는
단, 아셀, 납달리로고
질서(秩序)도 정연하고
항오(行伍)도 당당하여라
'야훼'의 군대(軍隊)!

이틀 한 달
일 년이든
성막(聖幕)에
구름기둥 불기둥
가라시면 행진(行進)하고
멈추라면 진(陣) 치네

가나안 찾아 길 떠나는
당신의 백성들에게
'야훼' 그는 언제나
등(燈)이고 빛(光)이셨네

40년 낮밤을…

2012년 3월 9일
江븜 임판석 목사

우리 교회와 협력으로 일본 오사카에서 선교하는 유○○ 선교사님이 이런 간증을 했습니다. 선교비가 제때 도착하지 않는다거나 또는 모자라 미처 쌀을 살 돈이 없을 때면 신기하게도 뒷날 새벽에 대문 앞에 누군가 꼭 쌀자루를 놓고 간다고 합니다.

세 딸아이들 입힐 옷이 떨어지면 또 누군가 대문에다가 박스에 담아서 옷을 놔두고 간다는 것입니다. 그래서 언제나 자신들의 필요를 채워 주시고 책임져 주시는 하나님을 경험하며 산다고 했습니다.

"까마귀들이 아침에도 떡과 고기를, 저녁에도 떡과 고기를 가져왔고"(왕상 17:6).

이스라엘에 흉년이 들었을 때에도 하나님은 까마귀들을 통해 굶주린 엘리야를 먹이시고 그를 책임지셨습니다. 까마귀는 잡식성으로 특별히 고기를 좋아하는데 자신이 먹기에도 아까운 고기를 먹지 않고 엘리야에게 물어다 줬다는 것이 있을 법한 일입니까…? 이것이 바로 기적 중의 기적입니다.

그것도 한 마리의 까마귀가 아닌 오늘은 이 까마귀, 내일은 저 까마귀를 통해 심부름을 시키셨으니, 가히 하나님이 어떤 분이신가를 짐작해 볼 만하지 않은가요?

어떤 면에서는 홍해가 갈라지고 여리고 성이 무너지는 것보다 더

한 기적입니다. 이렇게 하나님은 당신의 자녀들을 굶기지 않으시고 먹이고 입히신다는 것을 의미합니다.

"나의 하나님이 그리스도 예수 안에서 영광 가운데 그 풍성한 대로 너희 모든 쓸 것을 채우시리라"(빌 4:19).

이 말씀은 저 개인적으로 언제나 쓸 것을 공급하시는 하나님을 만나고 알게 한 말씀입니다. 그렇습니다. 하나님은 한 번도 외면하지 않으시고 쓸 것을 채워 주셨습니다.

언젠가 세 아이의 대학교 등록금 때문에 걱정되어 잠도 안 오고 식사를 해도 소화도 잘 안 되어 고생하고 있을 때 주님은 또 이 말씀을 생각하게 하시면서 '내가 책임지리라' 하시더니 그해에 국가에서 세 자녀 이상의 자녀들은 학점과 상관없이 등록금을 지원하는 학자금대출로 아이들의 등록금을 해결해 주셨습니다.

그렇습니다. 오늘 우리의 먹을 것, 입을 것의 문제도 이렇게 하나님이 확실하게 책임져 주실 것입니다. 왜 염려하지 말라고 하십니까? 하나님이 책임져 주시기 때문입니다.

"이 모든 것을 너희에게 더하시리라"(마 6:33).

더하신다는 말씀은 축복하신다는 것입니다. 아들이기에 귀하게 여기시고 책임도 지시지만 더 나아가선 우리를 크게 축복하시는 분이십니다.

"너희가 어찌 의복을 위하여 염려하느냐 들의 백합화가 어떻게 자라는가 생각하여 보라 수고도 아니하고 길쌈도 아니하느니라 그러나 내가 너희에게 말하노니 솔로몬의 모든 영광으로도 입은 것이 이 꽃 하나만 같지 못하였느니라"(마 6:28-29).

하나님이 우리를 백합화보다 더 귀하게 솔로몬의 영광과 같이 귀하게 해주신다는 것입니다. 주님은 우리에게 먹고 마시고 입는 것에 대하여 걱정하지 말라고 하십니다.

왜냐하면 우리는 이방인이 아닌 하나님 당신의 자녀, 곧 생존을 위해 부름 받은 존재가 아니고 사명을 위해 부름 받은 존재이기 때문에 당신이 책임져 주신다는 약속입니다.

이 세 번째 재물의 염려와 유혹의 산을 넘어야 비로소 네 번째 마음 밭인 옥토에 이르게 될 것입니다. 염려는 하나님의 자녀가 된 우리가 해야 할 일이 아닙니다.

4) 넷째는 좋은 땅과 같은 옥토의 마음

'좋은 땅과 같은 마음'이란 무엇인가요? 말씀이 떨어져 삼십 배, 육십 배, 백 배로 결실하는 마음을 '좋은 땅과 같은 마음'이라고 말하고 있습니다.

어떤 사람이 이러한 마음을 가지고 있을까요? 마태복음 13장 23절을 보면 말씀을 듣고 깨닫고 결실하는 사람이 바로 **'좋은 땅과 같은 마음'**을 가지고 있는 사람이라고 말씀하고 있으며, 누가복음에서는 다음과 같이 말씀하고 있습니다.

"좋은 땅에 있다는 것은 착하고 좋은 마음으로 말씀을 듣고 지키어 인내로 결실하는 자니라"(눅 8:15).

우리 성도들은 이러한 마음을 가지고 있어야 합니다. 이러한 마음을 가지기 위해서 우리는 어떻게 해야 할까요?

(1) 말씀을 듣는 사람

헤밍웨이의 소설 《누구를 위하여 종이 울리나》의 첫머리에는 이러한 글이 있습니다.

"그러므로 묻지 말라. 누구를 위하여 종이 울리느냐고… 그것은 너를 위하여 그리고 나를 위하여 울려지는 것이기에…"

우리를 위하여 위대한 말씀의 종이 울려도 들을 귀가 없으면 소용없는 것입니다. 우리는 하나님 말씀을 듣는 귀를 가져야 합니다.

(2) 말씀을 깨닫는 사람

말씀은 듣는 데서 그치는 것이 아니라 깨달아져야 합니다. 특히 성경 말씀이 나에게 하시는 말씀으로 깨달아져야 하는 것입니다. 보통 말씀의 은혜를 받았다는 것은 지식이 많아지게 되었다는 것이 아니라 성경 말씀이 나에게 주시는 말씀으로 느껴졌다는 말인 것입니다.

성경은 읽으면 읽을수록 새롭습니다. "하나님의 말씀을 공부하기 위해 충분한 시간을 갖지 못한 채 가버린 날은 잃어버린 날과 같다"는 조지 뮬러의 고백처럼 우리는 하나님의 말씀을 깨닫기 위해 충분한 시간을 투자해야 합니다.

(3) 말씀에 순종하여 믿음의 말로 결실하는 사람

일반적으로 그리스도인들은 말이 많다고 합니다. 말이 많다는 뜻이 기도를 많이 한다는 것이기도 하겠지만, 말하는 만큼 행위가 뒤따르지 않는다는 말이기도 할 것입니다.

우리는 100톤의 말보다 1그램의 실천을 중시하는 사람이 되어야 합니다. 아는 것보다 사는 것이 더 중요하기 때문입니다.

우리는 말씀을 듣는 데만 그치지 말고, 또는 말씀을 깨닫는 데만 그치지 말고 말씀을 듣고 깨달았으면 행동으로 옮겨 실천하는 삶으로 나아가야 합니다. 말씀을 듣고 교만해지는 사람은 밥 먹고 체하는 사람과 같습니다.

말씀을 듣고 돌아서서 또 염려하는 사람은 밥 먹고 설사하는 사람과 같습니다. 말씀을 듣고 깨닫고 결실하는 사람에게 말씀은 진정한 양식이 됩니다.

마태복음 7장 24-25절에서 예수님은 이렇게 말씀하셨습니다.

> "그러므로 누구든지 나의 이 말을 듣고 행하는 자는 그 집을 반석 위에 지은 지혜로운 사람 같으리니 비가 내리고 창수가 나고 바람이 불어 그 집에 부딪히되 무너지지 아니하나니 이는 주초를 반석 위에 놓은 연고요."

이 세상의 시험은 비처럼 위에서 덮치고, 바람처럼 옆에서 흔들며, 창수가 난 것처럼 밑으로부터 성도의 심리를 파고들어 미혹하나 말씀의 반석 위에 서 있으면 넘어지지 않게 될 것입니다.

뿌리 깊은 믿음

길가
돌밭
가시떨기
그리고 옥토(沃土)
4가지 밭 있는데
왜 옥토를 제외한
다른 밭에선
결실(結實)하지 못할까?

길가에 떨어진 씨는
싹이 틀 사이도 없이
새들이 먹어 버렸고
흙이 얕은
돌밭에 떨어진 씨는
싹은 났지만
뿌리가 깊이
내릴 수 없어

말라 버렸으며

가시덤불에
떨어진 씨는
싹이 나고
뿌리도 내려
조금은 자랄 수 있지만
세상 염려(念慮)의
가시덤불에 막혀
말라 버렸으니
이처럼 신앙도
뿌리 깊지 못하면
마르느니…

하지만
'야훼'를
의지하는 사람
그는
물가에 심은 나무가
그 뿌리를
강변(江邊)으로 뻗어
더위가 올지라도
잎이 청청(靑靑)하며
가무는 해에도
걱정이 없고

어떤
환난이나 고통에도
결실(結實)이
그치지 않으리니

뿌리 깊은 믿음
곧
코뚜레 매고
훈련된 자요
자아가 파쇄되어
세례 된 자며
부서져
고운 가루 된 자
그는
옥토(沃土)라!

2017년 8월 13일
江峯 임판석 목사

註: 마 13:1-9, 12:33; 갈 6:7-8; 렘 17:8; 히 3:7-8

    그동안 어떤 씨를 심어 왔으며 또 지금은 어떤 씨를 심고 있는가, 축복의 씨앗인가, 아니면 그 반대의 씨를 심고 있는가, 생각해 보아야 합니다. 그 씨앗이 그 나무의 뿌리를 내립니다.
    뿌리 깊은 믿음은 곧 코뚜레(소의 코청을 뚫어 고삐를 매는 데 쓰는 나무 고리) 매고 훈련된 자요, 자아가 파쇄되어 세례 된 자이며, 부서져 고운 가루 된 옥토일지니….

앞서 잠깐 언급한 것처럼 가데스 바네아에서 모세가 열두 명의 정탐꾼을 가나안 땅으로 보내 40일 동안 현장 시찰을 하고 오도록 했습니다. 돌아온 그들에게 보고서를 제출하게 했는데 열 명은 부정적인 보고서(말)를 제출했습니다.

"우리가 그들 앞에서는 메뚜기나 다름없습니다. 가나안 원주민은 아낙 자손 네피림의 후손들이라 키가 큰 거인들일 뿐 아니라 무기도 강력하고 농산물도 포도송이 하나가 두 사람이 멜 정도로 대단하니 도무지 불가합니다"라고 했습니다.

그들에 비하면 자기들은 메뚜기 같다는 것입니다. 다시 말해 계란으로 바위 치기라는 것입니다. 긍정의 말이 아닌 부정의 말을 사용하고 말았습니다.

그러나 두 명의 정탐꾼인 여호수아와 갈렙은 그 반대되는 보고서(말)를 제출했습니다. "아닙니다. 그들은 우리의 밥입니다. 그들의 신은 그들에게서 떠났고 우리 하나님은 우리와 함께하십니다. 결코 그들은 우리를 이길 수 없습니다." 왜냐하면 '그 땅은 하나님이 우리 조상 아브라함에게 약속하신 땅이기 때문이다'라는 것입니다.

어떤 면에서 열 명은 현 상황을 그대로 보고한 진솔한 말을 했으니 그들의 보고가 결코 틀린 말은 아닙니다. 맞는 말을 했습니다. 현실적으로 보면 오히려 두 명의 보고서가 엉뚱한 보고서요, 상황에 맞지 않는 엉터리 보고서일 수 있습니다.

그런데 왜 열 명은 가나안에 들어가지 못했고, 두 명은 가나안에 들어갔을까요? 이유는 간단합니다. **열 명은 못 들어간다는 말을 사용했고, 두 명은 들어간다는 말을 사용했을 뿐입니다.**

가나안에 들어가고 못 들어가고는 자기들 마음대로, 자기들 힘으로 되는 것이 아닙니다. 하나님이 함께하시고 하나님이 들어가게 해 주셔야 하는 일임이 분명합니다.

성경을 보면 때가 되면 가나안에 들어갈 것이라고 이미 창세기 15장 16절에 아브라함에게 약속하신 바가 있습니다. 그런데 그들은 긍정적인 말 대신 부정적인 말을 사용해 버렸고, 그들의 말에 동참한 광야 1세대는 가나안에 들어가지 못하는 안타까운 결과를 가져오고 말았습니다.

역사학자들의 말에 따르면, 여리고 성은 매우 견고한 성이라고 합니다. 성벽 위의 폭이 2차선의 차도가 날 정도로 거대한 성벽이라고 합니다. 그런 난공불락의 성을 이스라엘 백성들이 맞닥뜨리게 되었으니, 그 심정이 얼마나 막막했을지 상상이 됩니다. 이스라엘 백성들의 표정은 순식간에 어두워졌을 것입니다.

그런데 걱정과는 달리, 그 성은 너무 쉽게 무너졌습니다. 이 난공불락의 성을 오합지졸이던 이스라엘 백성이 무너뜨릴 수 있었다는 것은 당시 군사적으로 보면 놀라운 일이 아닐 수 없습니다.

승리의 비결은 무엇이었을까요? 해답은 의외로 간단합니다. 하나님께서 내리신 작전에 따라 이스라엘이 말씀대로 순종한 것밖에는 아무것도 없습니다.

하나님께서 무어라고 말씀하셨습니까? 일정한 대형을 갖추고 성을 매일 한 바퀴씩 여섯째 날까지 돌고 일곱째 날은 일곱 번 돌라고 하셨습니다. 너무도 싱거운 작전 명령이었습니다.

단순하고 무지한 전략이요, 마치 '바보들의 행진'같이 보이는 어리석은 일이지만(인간의 지식으로) 하나님의 말씀에 순종할 때 기적이 일어났고, 가나안에 입성하게 된 것입니다.

"너희가 즐겨 순종하면 땅의 아름다운 소산을 먹을 것이요 너희가
거절하여 배반하면 칼에 삼키우리라 여호와의 입의 말씀이니라"
(사 1:19-20).

축복은 순종의 강을 통해서만 흐른다는 사실을 깨달아 우리 모두 하나님의 통로가 되었으면 합니다.

필자가 군 생활 할 때 군에 지급되는 총이 주로 '칼빈'과 'M1' 총이었습니다. 이 둘에는 장단점이 있습니다. '칼빈'은 가벼워서 소지하기는 쉬워도 사거리나 화력, 그리고 정확도가 'M1'에 비해 많이 떨어집니다.

그래서 사격을 할 때는 언제나 'M1'으로 했습니다. 필자도 그 총으로 연대 대항 사격대회에서 특등사수가 되어 특별휴가를 나온 꿀맛 같은 추억이 있습니다.

군 생활을 마칠 무렵쯤 되어 월남전에서 맹위를 떨쳤던 'M16'이 지급되었는데, 이 총은 화력도 막강하지만 가벼웠고 한꺼번에 많은 탄두가 발사되는 특징과 함께 사거리도 정확하여 군이 선호하는 무기가 되었습니다.

우리는 두 가지의 강력한 무기를 가지고 있습니다. 하나는 부정적인 무기, 또 하나는 긍정적인 무기입니다. 우리가 그 무기를 어떻게 사용하느냐에 따라 우리 인생이 결정됩니다. 부정적인 무기, 즉 나쁜 무기를 사용하면 사용할수록 인생은 얽히고 꼬이고 실패합니다.

그러나 긍정적인 무기를 사용하면 사용할수록 인생이 잘되고 풀리며 형통해집니다. 좋은 무기를 사용하되 '칼빈'보다 'M1', 'M1'보다 'M16'을 사용하면 더 극대화되는 효과를 볼 수 있습니다.

그것은 두말할 필요도 없이 바로 우리 입에서 나오는 강력한 무기인 '말'입니다. 그 무기를 잘못 사용하면 내 인생을 초토화시키고 적을 이롭게 하며, 잘 사용하면 적을 초토화시키고 내 인생을 풍요롭게 합니다.

> "사람은 입에서 나오는 열매로 하여 배가 부르게 되나니 곧 그 입술에서 나는 것으로 하여 만족하게 되느니라"(잠 18:20).

우리가 잘 아는 이야기지만 미국의 신발회사에서 아프리카에 시장 조사를 하라고 두 명의 영업사원을 보냈습니다. 오랜 시간 아프리카를 돌아보며 조사를 한 후 정한 시간에 돌아와 각각 보고서를 제출했는데 한 명은 이렇게 보고했습니다.

아프리카 원주민들은 발이 단단하여 굳이 신발을 신을 필요를 못 느끼니 그 땅에서는 신발을 팔 수 없다는 부정적인 보고(말)를 했습니다.

그러나 또 한 명의 회사원은 그들에게 포근하고 안전한 신발을 공급하면 너무 좋아할 것이 분명하니, 아프리카는 무한정 신발을 판매할 수 있는 보고라고 긍정적 보고를 했습니다.

결과적으로 긍정적 보고(말)를 채택하여 그 회사가 아프리카에 신발을 공급하는 회사로 크게 성장했다는 이야기입니다. 긍정적 말을 선택한 결과이지요.

지금 당신이 서 있는 현실을 받아들이고 앞으로 나타날 기쁨과 승리와 행복을 바라보며 감사의 말을 합시다!

하나님께서 어떤 사람을 축복해 주실 때 제일 먼저 확인하시는 것이 있습니다. 그 사람의 마음, 그 사람의 믿음의 말입니다.

감사할 수 있는 이유와 조건이 없음에도 불구하고 하나님을 원망하지 않고 불평하지 않고 저주의 말을 퍼붓지 않고, 오히려 하나님의 인도하심을 기대하며 감사할 줄 알고 감사의 멋진 말을 하는 사람은 반드시 하늘의 복을 받습니다.

"너희 말이 내 귀에 들린 대로 내가 너희에게 행하리니"(민 14:28).

기억합시다.

감사는 하늘나라 복의 창고를 여는 스위치입니다.

당신 입에서 감사의 말이 나오는 순간, 하늘나라의 축복의 창고 문이 열리게 됩니다.

김희아라고 하는 여자가 있습니다. 그녀는 지난 2012년, 여유만만 '주부, 나도 스타 강사 오디션'에서 1위를 차지했습니다. KBS "강연 100℃"에 처음 사연이 소개된 이후로, 매스컴을 타며 책을 출간하는 등 스타강사로 전국 각지는 물론 해외에서까지 '힐링' 강사로 활동하고 있습니다.

어릴 때 그녀는 얼굴에 너무나도 흉측한 큰 점 때문에 부모로부터 버림을 받게 되고, 이후 보육원에서 자랐습니다. 그리고 25세 때 얼굴뼈에 암이 발견되어 힘든 수술을 받았고, 이로 인해 얼굴 반쪽이 함몰되었습니다.

결혼도 하지 않은 스물다섯 살 아가씨가 받아들이기에는 너무 힘든 상황이었습니다. 그런데 그녀가 그런 상황에서 선택한 것이 있었습니다. 그것은 하나님을 향한 원망과 불평과 악한 말이 아닌, 하나님께 감사의 말을 하기 시작한 것입니다.

그런 그녀에게 기적 같은 일들이 생겼습니다. 보기에도 흉한 자신을 진심으로 사랑해 주는 남편을 만났으며, 슬하에 예은, 예지라는 두 딸을 낳아 평범하고 행복한 삶을 살아가고 있습니다.

그녀가 고통과 절망의 순간들을 이겨낼 수 있었던 비결은 무엇이었을까요? 그것은 바로 그럼에도 불구하고 돌이켜 감사의 말을 한 것이었습니다.

그랬더니 하나님께서 그의 말을 들으시고 그의 막힌 인생의 문제를 풀어주셨고, 역전의 명수이신 주님이 은혜를 주셔서 지금은 너무나도 행복한 삶을 살 수 있게 된 것입니다.

저는 이 영상을 보면서 여러 번 울었습니다. 그리고 말에 대한 놀라운 사실을 다시 한 번 깨달아 알게 되었습니다.

대한민국 펜싱의 박상영은 지난 2016년 8월 브라질에서 있었던 올림픽 펜싱 결승전에서 세계 랭킹 3위의 헝가리 선수를 만나 기적을 일구어냈습니다.

14대 10으로 상대방에게 마지막 한 점을 남겨 놓고 리드 당하다가 연속 5점을 따내 말도 안 되는 기적을 일구어냈습니다. 바로 15대 14로 역전 우승한 것입니다.

4점이 뒤진 상태…, 1점만 내주면 지는 시합이었습니다. 누가 봐도 승리는 불가능한 상황이었습니다. 헌데 3세트를 가기 전 잠깐 자리에 앉은 박상영 선수의 입에서는 "나는 할 수 있다, 할 수 있다, 할 수 있다"는 소리가 들려왔습니다. 그리고 결국 그는 기적같이 내리 5점을 획득하여 리우올림픽 펜싱 금메달의 주인이 되었습니다.

불가능이란 단어를 가능이라는 단어로 바꾸는 순간, 승리의 환호에 대한민국 국민이라면 모두 어쩔 줄 모르고 기뻐했던 기억이 생생합니다.

그의 역전승은 앞으로 올림픽 역사 동안 두고두고 회자될 것입니다. 이것이 바로 말이 만들어 낸 기적입니다.

현재 한방병원을 섬기는 필자의 둘째 아들이 일반 대학을 졸업하고 한의과대학 편입시험을 치를 때 몇 번이나 낙방의 고배를 마셨습니다.

그도 그럴 것이, 1년에 1개 한의과대학에서 2~3명 정도 군 입대나 기타 결원된 학생을 보충하기 위해 편입생을 뽑는데, 지원자가 수백 명에 이르니 그럴 수밖에 없는 일이었습니다.

본인도 가족들도 지칠 대로 지쳐 있었습니다. 특별히 아들의 그 육체와 마음의 고통을 필설로 표현하기 힘들 정도였습니다. 그렇지 않겠습니까? 하루의 거의 대부분의 시간을 공부하기 위해 6년 동안을 책상에 앉아 있었으니….

제 마음도 참담하기 그지없었습니다. 그만 포기하고 딴 길을 찾아 가라고 하고 싶었지만 그러기엔 지금까지 투자한 시간이 너무 아까워 그럴 수도 없었습니다.

여섯 번째 낙방하고 난 직후에 제 머리에 떠오르는 한 말씀이 있었습니다. 그 말씀은 바로 마가복음 11장 23절의 말씀이었습니다.

바로 무화과나무가 말라 죽게 했던 예수님의 말씀입니다.

"내가 진실로 너희에게 이르노니 누구든지 이 산더러 들리어 바다에 던지우라 하며 그 말하는 것이 이룰 줄 믿고 마음에 의심치 아니하면 그대로 되리라"(막 11:23).

저는 망설이지 않고 "철성아, 내년에는 틀림없이 합격될 것이다. 그러니 걱정하지 마라" 하고 말해 버렸습니다.

아들은 어렵게 마음을 다스리고 다시 7수에 도전했습니다. 그로부터 1년이 흘러 다시 시험을 치르고 합격자를 발표하는 날이 되었습니다. 컴퓨터 앞에서 수험번호를 기록하고 엔터를 치려고 하는데 제 손이 떨리는 것을 느꼈습니다.

'된다고 했는데, 안 되면 어쩌지?', '괜히 빈말을 한 결과가 되면 아들이 얼마나 실망하고 아버지의 말을 신뢰하지 않을까?' 별별 생각이 다 들었습니다.

만감이 교차했습니다. 하지만 결과는 보아야 하기 때문에, "주님 말하는 대로 되게 하실 줄 믿습니다" 하고 엔터를 쳤더니 놀랍게도 "합격을 축하합니다"라는 메시지가 뜨는 것이었습니다. 말한 대로 되었습니다. 말이 기적을 만들어 낸 것입니다.

앞에서 언급한 '요한영성센터'의 대표이신 박필 목사님의 《당신의 말이 기적을 만듭니다》라는 책 47~54쪽을 보면 이런 내용이 기록되어 있습니다.

1997년 호주에서 사역을 하다가 한국으로 돌아와 대전 중리동에 보증금 5백만 원에 월 20만 원 월세로 지하 40평을 임대했다. 의자도 없이 맨땅에 스티로폼을 깐 초라한 개척교회가 시작되었다.

그러나 마음은 부유했다. 말의 권세를 체험하고 있는 사람이요, 그 말의 배후에서 일어나는 하나님의 기적을 체험하고 있는 나이기에 초라함은커녕 오히려 새로운 땅에서 새롭게 일어날 하나님의 기적에 대한 기대로 가슴이 부풀었다.

가족으로 출발한 개척교회 첫 예배가 1997년 4월 첫 주에 시작되었다. 내가 기획한 프로그램을 열심히 진행했다. 생명언어 세미나 등 언어 프로그램, 부부대화법, 생활 프로그램, 영성수련, 가족치유, 자녀교육, 청소년 프로그램, 집회, 전도에 이르기까지….

그러는 중 많은 사람이 우리 교회를 거쳐 갔다. 전도해서 온 사람도 있고, 소문을 듣고 온 사람도 있었다.

수개월이 지났다. 많은 사람들이 우리 교회 프로그램에 참여하기 원했지만 믿는 사람이나 믿지 않는 사람이나 모두 냄새나는 지하교회에 적응하지 못했다. 개척하여 수개월이 되었고 수많은 사람들이 왕래했지만 정식 교인은 부부인 두 가정 외에 3~4명뿐이었다.

사람들은 환경의 영향을 많이 받기 때문인 듯했다. 그해 가을이 되어 나는 결론을 내렸다. 사람들이 임대 교회에 쉽게 정착하지 못한다는 것을 알고 교회가 교회로서 역할을 할 수 있는 인적, 영적, 경제적 자원을 가지려면 우선 건물이 있어야 교회가 교회로서 역할을 할 수 있다는 결론을 얻었다.

그런데 문제는 재정이었다. 돈이 있어야 교회를 짓고, 성도가 있어야 건축도 할 수 있다는 게 상식인데 우리 교회는 그동안 매월 월세 20만 원도 못 내어 160만 원이 밀려 있는 상태였다. 교회 의자도 외상 구입으로 독촉을 받고 있는 상태였고, 성도도 정상적으로 출석하는 교인은 두 가정뿐이었다.

그렇다고 내가 개인적으로 돈이 있기는커녕 무일푼이요, 일가친척의 도움을 구할 일도 아니어서 상식적으로 불가능한 일이었다. 그러나 나는 교회를 건축하기로 마음먹었다. 내가 이런 마음을 먹은 건 오로지 주님의 말씀에 의지한 믿음뿐이었다.

"누구든지 이 산더러 들리어 바다에 던지우라 하며 그 말하는 것이 이룰 줄 믿고 마음에 의심치 아니하면 그대로 되리라."
"너희 말이 내 귀에 들린 대로 내가 행하리라."

하나님의 약속, 보증, 하나님의 맹세가 있기 때문이요, 내게 주신 말의 권세가 기적을 만들 것이기 때문이었다.

나는 1998년 1월 첫 주일 예배 중에 이 계획을 교인들에게 공표했다. 교인이 몇 안 되니 회의를 할 수도 없고 또 회의로 이런 일이 되지 않으니 예배 때 아예 공표한 것이다.

"우리 교회는 건축을 합니다. 교회가 교회로서 역할을 하려면 먼저 건축이 이루어져야 한다는 결론을 얻었습니다. 그래서 건축을 하기로 했습니다. 여러분은 건축에 대해 조금도 걱정하지 마시고 기도만 하십시오. 하나님이 모든 것을 행하실 것입니다."

두 가정 성도가 좌우를 쳐다보고 나를 보면서 놀란 눈으로 의아해하고 있었다. 그럴 수밖에, 성도도 없고 재정도 없어 월세도 못 내고 있는데 어떻게 건축을 한단 말인가?

나는 지난밤에 아들을 시켜 그린 교회 조감도를 교회 뒤 벽면에 붙이고 성도들에게 "나는 할 수 있다! 왜냐하면 하나님이 나와 함께하시기 때문이다!", "I can do it! Because God is with me"를 그

밑에 써서 붙이라고 했다.

그날부터 우리는 이 말을 예배 때마다 기도 때마다 고백하기 시작했다. 내가 "I can do it" 하면 성도들은 "Because God is with me!"를, 그리고 다시 내가 "나는 할 수 있다"고 말하면 성도들은 "왜냐하면 하나님이 나와 함께하시기 때문이다"라고 외쳤다.

그날부터 나는 낮 시간엔 교회 지을 땅도 보러 다니고 건물도 보러 다녔다. 그런 나에게 부동산중개업자들의 첫마디는 이것이었다. "어느 정도 돈이 있습니까?"

돈 걱정은 하지 말고 교회 지을 좋은 땅이나 교회를 할 수 있는 건물을 소개하라고 했다. 그랬더니 수억, 수십억짜리 땅과 건물을 소개했다. 나는 빈손으로 수억짜리 건물과 땅을 여기저기 보러 다녔다.

세상말로 참 웃기는 일이다. 아니, 좀 적나라하게 말하면 정신 나간 사람이다. 월세도 못 내서 독촉을 받고 있는 주제에 교회 짓는다고 수억 짜리 땅을 보러 다니다니….

그러나 우리의 말은 하나님께서 보장하신다. 하나님은 우리의 믿음의 고백을 기뻐하시고 하나님의 귀에 들린 대로 행하신다는 것을 하나님께서 맹세까지 하셨다.

나는 이미 나의 말을 듣고 지금까지 하나님께서 행하셨던 놀라운 기적들을 수없이 체험하고 있었기에 하나님께서 이루실 기적에 부푼 기대를 가지고 여기저기를 다녔다.

그런데 그렇게 하기를 한 달쯤 못 되어 IMF가 터졌다. 온 나라의 경제가 꽁꽁 얼어붙고, 돈 구하기가 하늘의 별따기만큼 어려워졌다. 건축 자재도 현금이라야 구입이 가능했고, 나라 전체가 온통 경제난에 허덕이고 있었다.

그러나 그렇다고 하나님께서 계획하신 일을 못하시겠는가? 그렇다고 말의 권세가 약화되는가? 그렇지 않다. 우리는 계속 "I can do it. Because God is with me"를 외쳤고, 나는 계속 교회 지을 땅을 보러 다녔다.

아무것도 변한 것 없이 시간이 흘러갔다. 그러나 씨를 심고 때가 되면 싹이 나오는 법. 두 달 정도 지나자 드디어 기적이 나타나기 시작했다. 하나님께서 행하시기 시작한 것이다. IMF로 꽁꽁 얼어붙은 경제 상황이었지만 여기저기서 건축헌금이 들어오기 시작했다.

한번은 우리 교인들이 모여 건축기도회를 하는데, 이웃에 있던 교회 전도사님이 봄 야외 기도회를 가던 중 우리 교회에서 기도회를 하는 것을 보고 성도들을 데리고 들어와서 참석했다.

기도회 중 은혜 받은 전도사님이 우리가 교회를 건축한다는 것을 알고 기도회가 끝나자 자신의 성도들에게 건축헌금을 작정하라고 권면하고 자신도 500만 원을 작정하신 것이다.

IMF 때 500만 원은 큰돈이요, 생면부지의 교회에 자신도 임대 교회 목회자이면서 거액을 작정한다는 것이 있을 수 있는 일인가? 그분은 그다음 날 100만 원짜리 수표 5장을 가지고 교회로 찾아오셨다.

"이 헌금은 가족과 상의해서 하는 것입니다. 내년에 쓸 아들의 대학 학비지만 하나님께 풍요로운교회 건축헌금으로 드리기로 했습니다."

나는 그 헌금과 그분의 손을 잡고 하나님의 기적에 감격하며 뜨거운 기도를 드렸다. 이렇게 100만 원, 50만 원, 헌금이 쌓이면서 서서히 산이 움직여 바다로 옮겨지는 기적이 나타나기 시작한 것이다.

두 가정뿐인 우리 교인 중에 한 가정은 결혼 후 노동으로 벌어서 겨우 장만한 자신의 집을 부부가 합의해서 교회 건축헌금으로 내놓았다.

드디어 건축을 선언한 지 5개월 반 만에 우리는 기존 교회 건물을 매입, 수리하여 입당을 하게 되었다. 교회 개척을 시작한 지 만 13개월 후의 일이었다.

IMF라는 극한 상황 중에 지하 임대 교회에서 빈손으로 이루어 낸 기적이었다. "I can do it! because God is with me!" 하나님은 우리의 말을 듣고 행하시는 분이시다.

인생을 살다 보면 분명 꽉 막힌 문제 속에 빠져 있을 때가 있습니다. 이럴 때 우리에게는 돌파구가 필요합니다. 우리에게는 확실한 돌파구가 있습니다. 그것은 '하나님과의 소통'입니다. '그럼에도 불구하고 감사의 말을 하는 것'입니다.

세상살이가 어렵고 힘이 들고 만만치 않습니다. 이런 살벌하고 힘든 세상을 누구와 함께 나누며 살아가나요? 무엇을 의지하고 살아가나요? 당신의 괴롭고 어려운 인생의 난제를 어떻게 풀어가고 있나요?

여러분의 입에서 나오는 말이 감사의 말, 긍정의 말, 소망의 말, 믿음의 말이 되기를 소망합니다. 이것이 당신에게 확실한 돌파구가 될 것이며, 기적을 만들어 낼 것입니다.

필자는 지난 2019년 7월 23일에 오른쪽 무릎 연골 수술을 서울의 모 병원에서 했는데, 잘못되어 감염이 되었습니다. 일반 사람들의 감염 수치는 5~7이 정상인데 저는 무려 140이 넘게 나타났습니다. 한마디로 회생할 소망이 제로인 셈이었습니다.

복지부 통계를 보면 1년에 각종 감염으로 사망하는 사람이 6백

명이 넘는다고 합니다. 후송되어 입원한 대학병원에는 감염내과 교수만 10명이 넘었는데도 속수무책이었습니다.

'감염균'을 밝히고 치료하기 위해 전신마취로 환부를 세 번씩이나 다시 수술했고, 마침내 '감염균'이 밝혀져 거기에 맞는 항생제를 사용했지만 온몸에 열이 오르며 발진이 생기는 부작용으로 인해 어떻게 해볼 수 없는 상황이었습니다.

몇 개월 동안 매일같이 맞아야 하는 주사로 인한 고통은 극에 달했으며, 더 이상 바늘을 찌를 곳이 없어 간호사들도 저 때문에 많은 고생을 했습니다. 어떤 날은 의식이 몽롱해지기도 했습니다. 의사들이 손가락이 몇 개냐고 물어보기까지 했으니 그야말로 사망의 골짜기를 헤매고 있었습니다.

그때 샛별처럼 떠오르는 하나님의 말씀이 있었습니다.

"저가 그 말씀을 보내어 저희를 고치사 위경에서 건지시는도다"(시 107:20).

이 말씀은 제게 주시는 약속이었습니다. 저는 이 말씀을 붙들고 읊조리고 외치고 선포하기 시작했습니다. 아파도, 견디기 힘들어도 하나님의 말씀을 붙들었습니다.

"좋으신 하나님을 찬양합니다."
"신실하신 하나님을 믿습니다."
"하나님은 나에게 나쁜 일을 절대로 행하지 않으십니다."
"나는 나았다."
"나는 건강하다."

현실은 암담하고 나아질 기미는 보이지 않았지만 하나님의 말씀을 붙들고 씨름하기 시작했습니다. 낙심하지 않고 반복해서 소리 내어 외쳤습니다. 절대로 부정적인 말을 입 밖에 내지 않았습니다.

누군가 좀 어떠냐고 와서 물으면 "예, 좋아지고 있습니다" 그렇게 대답했습니다. 아마도 속으로 웃었을 것입니다. '좋아지기는커녕 더 안 좋아지는 것 같은데 거짓말을 하는구나' 하고 말입니다.

하지만 상관없었습니다. 하나님은 신실하신 분이며, 절대로 빈말을 하지 않는 분이시기 때문입니다.

"하나님은 인생이 아니시니 식언치 않으시고 인자가 아니시니 후회가 없으시도다 어찌 그 말씀하신 바를 행치 않으시며 하신 말씀을 실행치 않으시랴"(민 23:19).

투약을 해도 열이 오르고 온몸에 발진이 생겨 나아질 기미가 보이지 않자, 교수들이 마지막 한번 써보고 싶은 항생제가 있는데 그 항생제는 혈소판이 감소되고 신장 기능이 망가지는 부작용이 있다고 했습니다. '어떻게 해야 하는가?' 절체절명의 극한 상황이었습니다.

하지만 저는 낙심하지 않고, 부정적인 말도 하지 않았습니다. 하나님이 말씀을 주셨으니 말씀대로 될 것을 믿고 "주여! 교수들에게 신의 한 수를 가르쳐 주시옵소서" 하고 기도했습니다.

기도하고 주신 말씀을 선포하고 읊조리는 제게 기적이 서서히 일어나기 시작했습니다. 난공불락의 여리고 성처럼 떨어질 것 같지 않던 감염 수치가 서서히 떨어지기 시작했습니다. 그리고 드디어 12월 7일, 5개월 동안의 병원생활을 마치고 퇴원하게 되었습니다.

제가 생각하기에도, 어쩌면 의사들도 너무 무릎을 여러 번 수술해서 걷는 데 장애가 있으리라고 생각했겠지만, 약속에 신실하신 하나님은 제 입의 말 "나는 건강하다"는 말을 들으시고, 장애 없이 건강하게 해주셔서 이제는 일주일에 몇 번씩 족구 동호회 젊은이들과 함께 즐겁게 운동을 하고 있습니다. 주님께 무한 영광을 돌려 드립니다.

방송작가, 시인, 칼럼리스트 등 다양한 직업을 가지고 계시며, 성공학, 행복학, 가정경영, 고객감동 분야에서 수많은 베스트셀러를 집필하고, 국내에서 가장 인기가 높은 산업체 명강사 1호인 이상헌 선생님이 계십니다.

그는 150여 권의 책을 저술했는데, 최근 베스트셀러가 된 《흥하는 말씨 망하는 말투》를 읽어 보면 그는 어려서부터 25가지의 병을 앓아 온, 그야말로 종합병원이었다고 합니다.

그분의 책 머리말에 이런 글이 있어 소개하려고 합니다.

세상만사 말대로 이뤄진다. 말만 바꾸면 인생이 변한다. 《알리바바와 40인의 도둑》에서 비밀의 문을 여는 열쇠는 바로 "열려라, 참깨!"다. 수십 명의 장정이 밀고 당겨도 끄떡하지 않는 육중한 바위문도 "열려라, 참깨!" 한마디에 스르르 열린다.
나는 어려서부터 25가지 병을 앓았기 때문에 그 마음의 고통이 이루 말할 수 없었다. 그때 공포를 잊기 위해 선택한 것이 책을 읽는 일이다. 14년간 이렇게 읽은 책이 자그마치 1만여 권, 그런데 지금 그 책 이름은 기억나지 않지만, 대략 다음과 같은 구절이 나를 병마로부터 구출했다.

'창조주는 인간을 자기와 같은 형상으로 만들었다. 그래서 인간에게는 창조주의 DNA가 들어 있고, 그래서 모든 것을 이룰 수 있다'는 내용이다.

이때부터 모든 일에 '기뻐하고 감사하며 기도하는 삶'이 시작되었다. 긍정 언어는 생명 언어요, 부정 언어는 사망 언어이다.

100% 긍정 언어를 사용하면 원하는 것이 반드시 이루어지기 시작하는 것이다. 《흥하는 말씨 망하는 말투 1》은 50여 년간 내가 생생하게 체험한 것들이다.

1970년대는 라디오 전성시대였는데 그 당시 최고의 예능 프로가 KBS의 "재치문답"이다. 한국남, 안의섭, 엄익채, 이연숙 등의 쟁쟁한 입담가들이 재치를 겨루는 프로로 지금 생각해도 대단한 프로였다.

나는 사람들에게 "재치문답"에 곧 출연할 거라고 말했는데 정말 말한 대로 되었다. 허참 씨가 진행했던 "가족오락관"도 누가 "출연 안 하세요?" 하는 질문에 "곧 합니다"라고 대답했는데 얼마 안 있어 담당 PD로부터 출연 의뢰가 왔다.

하루에 다섯 군데 출연하는 경우도 있었다. 내가 특별한 능력이 있는 것이 아니라, 된다고 말하니까 되는 것이다.

나는 23년째 '기쁨세상'이라는 모임을 이끌어 오고 있다. 매달 정기적으로 모여서 기쁘게 사는 프로그램을 전수하는데, 매년 정월에는 한 해의 소망 열 가지씩을 적게 하고 선포(말)하는데 12월에 결과를 공개하는 걸 보면 거의 대부분이 성취된다.

이상헌 선생은 다음과 같은 세 가지를 머리맡에 붙여 놓고 날마다 구호처럼 외친다고 합니다.

"나는 건강하다."
"나는 행복하다."
"나는 승리자다."

그는 25가지 질병을 가진 종합병원이었지만, 지금까지 30년이 넘는 세월 동안 하루에 3시간 이상을 자 본 적이 거의 없을 정도로 왕성한 강연과 작품 활동을 하고 있다고 합니다.

황규승 씨가 작사·작곡한 "주님 찬양하는 입으로"라는 찬양이 있습니다. 저는 이 찬양을 참으로 좋아합니다. 곡도 그렇지만 가사가 더 마음을 감동케 합니다.

♪ 주님 찬양하는 입으로 험담하지 않아요
   주께 기도하는 입으로 미워하지 않아요
   주님 말씀 읽은 입으로 헐뜯지도 않아요
   주님 전도하는 입으로 비판하지 않아요
   내 맘 속에 상처를 모두 치유하소서
   내 맘 속의 교만을 모두 뽑아내소서

   내가 하는 모든 말 칭찬이게 하시고
   내가 하는 모든 말 격려이게 하소서
   내가 했었던 못된 말 회개하게 하시고
   내가 하고픈 모든 말 찬양이게 하소서

어떤 조사를 보니까 대부분의 사람들이 16세가 되기 전에 부정적인 말을 약 17만 3천 번 정도 듣는다고 합니다. 예를 들어서 "너, 정말 싫다", "미워", "하지 마"와 같은 이런 부정적인 이야기를 17만 3천 번 정도 듣는다는 것입니다. 이것을 하루 단위로 따져 보면 평균 하루에 19.7번 정도의 부정적인 말을 듣는 셈입니다.

이 조사에 따르면 하루에 보통 스무 번 정도의 부정적인 말을 듣는데, 뇌 과학적으로 부정적인 말 한 번 들은 것을 중화하기 위해서는 긍정적인 말 네 번을 들어야 한다고 합니다. 누가 나한테 기분 나쁘게 말하면, 꼭 타인이 내게 말하는 것이 아니더라도, 나 자신에게라도 좋은 이야기를 네 번은 해줘야 중화가 되는 것입니다. 그렇다면 오늘부터 한번 해보는 건 어떨까요?

우리는 하루에 긍정적인 말을 평균 네 번 정도 듣는다고 합니다. 이렇게 수치상으로 들여다보니 우리가 좋은 마음과 사고, 건강한 마음과 사고를 유지하기가 참 쉬운 일이 아닌 것 같다는 생각이 듭니다. 건강한 사고와 마음을 유지하는 일이 말에서 시작된다면 긍정적인 말, 좋은 말을 많이 들어야 하는 게 아닐까요?

"넌 왜 이것밖에 못하니?" 이런 말을 들으면 우리는 상처를 받게 됩니다. 그러고 나면 우리는 누군가에게 "그래도 네가 있어서 참 다행이다", "참 고맙다", "너는 훌륭하다", "네가 좋다"와 같은 말을 이렇게 네 번 들어야 부정적인 말을 중화시킬 수 있습니다.

스무 번 부정적인 말을 듣고 하루에 네 번밖에 긍정적인 말을 못 듣는다는 것은, 곧 바꿔서 생각해보면 우리는 긍정적인 말을 더 많이 듣고 싶지만 누군가 우리에게 부정적인 말을 훨씬 더 많이 한다는 것이 아닌가요?

혹시 나는 부정적인 말을 거의 하지 않는데, 남들이 내게 부정적인 말을 훨씬 더 많이 하고 있다고 생각하지는 않나요? 그렇지 않을 것입니다. 저는 그렇게 생각해 보았습니다. 저 자신이 그렇지는 않은가 하고 말입니다.

우리가 쓰는 부정적인 말 스무 번을 단 몇 프로라도 긍정적인 말로 바꾼다고 해서 당장 눈에 띄는 어떤 변화가 보이지 않을 수도 있습니다.

하지만 그것을 통해 우리 주변에 있는 몇몇 사람들은 부정적인 말로부터 중화되고, 긍정적인 말을 더 많이 듣게 하는 결과를 가져옵니다. 결국 긍정적인 이야기는 긍정적인 에너지가 있는 사람이 더 많이 하게 됩니다.

그러므로 여러분이 다른 사람에게 던지는 긍정적인 말과 행동은 그 사람의 긍정적인 에너지를 계속해서 태울 수 있는 땔감과 같은 역할을 하게 되는 것입니다.

그러니 긍정적인 말은 그 사람에게 땔 수 있는 긍정의 나무를 주는 거나 마찬가지입니다. 그럼 그 사람이 더 불타게 되고, 그 사람은 또 더 좋은 불씨를 옆에 뿌려 주고, 뿌려지고, 뿌려 주다 보면 정말 빠르게 퍼지는 불처럼 작게는 우리 가정부터 주변에 있는 사람까지 좀 더 행복해지지 않을까요?

어느 마을에 허풍과 수다가 심한 한 여인이 있었습니다. 그녀는 개미를 보면 황소를 보았노라고 말했습니다. 사람 앞에서는 칭찬을 하지만 뒤로 돌아서면 뒷담화와 비난을 일삼았습니다. 마을은 그녀가 퍼뜨리는 악한 소문으로 잔잔할 날이 없었습니다.

하루는 마을의 현인이 여인을 불렀습니다. "당신은 말이 너무 많아요." "이야기를 재미있게 하기 위해 좀 과장하는 것입니다. 악의는 전혀 없어요." 현인은 여인에게 커다란 자루를 주며 말했습니다.

"집까지 걸어가며 이 자루 속에 든 것을 버리시오. 그리고 다시 그것들을 자루에 담아 가져오시오."

여인은 자루에 든 새털을 길에 버렸습니다. 그러나 그것을 다시 자루에 주워 담기는 어려웠습니다. 새털은 바람에 거의 날아가 버렸기 때문입니다. 현인이 여인에게 말했습니다.
"말도 새털과 같습니다. 한번 입에서 나온 말은 다시 주워 담기가 힘들지요." 여인은 그때부터 수다와 허풍을 그쳤습니다.
말은 어떻게 하느냐에 따라 양약도 되고 독약도 됩니다.

지난날 우리는 얼마나 많은 죽음의 말인 원망과 불평을 하고 살았나요? 내 마음대로 안 된다고 함부로 말하고 화내고 살지는 않았나요?
말에는 생명이 되는 말이 있고, 죽음이 되는 말이 있습니다. 말이 씨가 되어 그 사람을 살리기도 하고, 죽이기도 합니다. 그 말이 곧 그 사람이고, 지금의 나는 지난날 내가 말한 결과대로 현재를 살고 있으며, 앞으로 미래는 현재 내가 어떻게 말하느냐에 달려 있다는 것입니다.
사람은 말하는 대로 사는데 그렇다면 우리는 말을 어떻게 하고 살아야 할까요? 말을 잘하면 잘살고, 말을 못하면 못살게 됩니다. 그래서 혀 밑에 살리는 말도 있고, 죽이는 말도 있습니다.

'큰 배를 마음대로 움직이고 다니는 것이 지극히 작은 키'(약 3:4)

라고 말씀하고 있습니다. 마찬가지로 우리 인생의 배를 마음대로 움직이는 것이 바로 말이라는 키(key)입니다. 말은 그만큼 소중하고, 말은 그만큼 우리 인생에 영향력을 끼칩니다.

말 잘해서 뺨 맞는 자 없으며, 천 냥 빚도 말로 갚는다고 합니다. 말로 사람의 기를 살리기도 하고, 말로 사람의 기를 팍팍 죽이기도 합니다.

모든 말 중에 최고의 말은 바로 감사의 말입니다. 감사는 말의 최고봉이지요. 감사는 원망·불평의 잡초를 제거하는 강력한 제초제 '그라목손'(paraquat)과 같다고 보시면 됩니다.

살다 보면 때로는 원망이나 불평, 또는 화를 낼 수밖에 없는 일들이 종종 생깁니다. 그럴 때 불평이나 화나는 감정을 가라앉힐 수 있는, 마치 강력한 제초제 '그라목손'처럼 강력한 힘을 발휘하는 약이 있습니다. 그것이 곧 '감사'라고 하는 약입니다. 감사는 해독제요, 진정제요, 치료제입니다.

저는 이것을 깨닫고 난 후에 감사라는 약으로 불평을 다스립니다. 다른 방법이 없습니다. 신기하게도 "감사합니다", "감사합니다"를 반복하다 보면 치밀어 오르던 격한 감정들이 봄 눈 녹듯이 스르르 녹아내립니다. 그리곤 곧 마음에 평정심을 회복합니다.

감사의 멋진 말은 어떤 사람이 할까요? 학벌이 좋은 사람, 돈이 많은 사람, 건강한 사람, 권력을 가진 사람, 외모가 좋은 사람…, 모든 것을 갖춘 사람이 감사할 것 같은데, 주변을 둘러보면 그렇지 않습니다.

감사는 깨달은 사람의 몫입니다. 쉽게 말해 감사의 능력이 얼마

나 강한지를 아는 사람이 감사합니다.

사람이 철드는 일은 쉽지 않습니다. 나이를 먹는다고 철이 드는 것도 아닙니다. 보통 사람들은 죽을 때쯤 되어야 겨우 철이 든다고 합니다. 그러나 하나님의 은혜를 입으면 일찍 철이 듭니다. 은혜는 겸손한 사람, 마음이 가난한 사람, 깨어 있는 사람에게 찾아오는 하나님의 선물입니다.

깨닫는 사람만이 **"나의 나 된 것은 하나님의 은혜로다", "주께서 베풀어 주신 이 모든 은혜를 무엇으로 보답할까?"** 하는 감사의 고백을 할 수 있습니다. 감사는 맛본 자만 찾을 수 있는 숨겨진 보물입니다.

산에서 금과 은, 철과 구리를 발굴하는데 금과 구리는 얼핏 보면 비슷해도 그 값의 차이가 큽니다. 무엇을 발굴하느냐에 따라 값어치가 달라지듯, 우리 인생도 무엇을 추구하고 사느냐에 따라 확연히 다른 생을 살게 됩니다.

사람들은 모두 행복을 갈망합니다. 그러나 행복의 열쇠가 어디에 숨겨져 있는지 잘 발견하지 못합니다. 행복의 열쇠는 특별한 곳에 숨겨져 있는 것이 아니라 평범한 일상 속에 숨어 있습니다. 우리가 아무것도 아닌 것처럼 그저 생각나는 대로 기분 내키는 대로 함부로 말하며 뱉어 내는 말 속에 축복이 담겨 있기도 하고, 쓰레기가 담겨 있기도 합니다. 그래서 그 비밀을 알지 못하는 사람들은 무감각하게 삽니다.

그러나 지혜로운 사람은 평범한 일상, 소소한 것에 감사하는 사람입니다. 인생의 최고봉은 바로 감사를 발견하는 것입니다. 행복의 열쇠가 감사의 멋진 말 속에 있기 때문입니다.

끌어당김의 법칙에 의하면, 많이 생각하고 말로 표현하는 것이 바로 현실로 나타난다고 합니다. 감사는 우리 주위의 좋은 것들을 끌어오는 자석과 같습니다.

모래 속에 감춰진 철을 찾기 위해서는 자석을 모래 속에 넣으면 됩니다. 모든 철이 자석에 달라붙듯, 다시 말해 감사 속에는 축복을 끌어당기는 마술과 같은 능력이 있습니다.

주위를 둘러보면 감사할 일이 참으로 많습니다. 감사의 안경을 끼고 주위를 둘러보면, 감사하지 않을 것이 없습니다. 이 세상에 살아 있는 것이 감사하고, 그것도 하나님의 자녀로서 세상을 마음껏 활보할 수 있는 것이 감사합니다. 고로 우리는 어떤 경우에도 감사의 말을 해야 하겠습니다.

"누추함과 어리석은 말이나 희롱의 말이 마땅치 아니하니 돌이켜 감사하는 말을 하라"(엡 5:4).

■ 오프라 윈프리

우리가 이미 알고 있는 대로 전 세계 132개국 1억 4천만 시청자를 웃고 울리는 토크쇼의 여왕 오프라 윈프리가 있습니다. 그가 진행했던 쇼는 '에이미' 상을 30회나 수상했고, TV 아카데미 명예의 전당에도 올랐습니다.

그녀는 현재 여성 케이블 TV 연출가, 프로그램 제작자, 출판 및 인터넷 사업을 총망라하는 하포 그룹의 회장입니다. 〈포브스〉지가 선정한 세계 최고의 영향력 있는 인물 10명 가운데 하나로 뽑히기도 했습니다. 또한 그녀는 엄청난 재력가이기도 합니다.

하지만 그녀의 삶이 처음부터 평탄한 것은 아니었습니다. 지독히 가난한 미혼모에게서 태어났고, 어머니 품이 아닌 할머니의 손에서 자랐습니다. 그곳에서 삼촌에게 성폭행을 당했고, 열네 살에 출산과 동시에 미혼모가 되었습니다. 아이는 태어난 지 2주 만에 죽었고, 그 충격에 가출한 후 마약복용으로 하루하루를 지옥같이 살았습니다. 당시 그녀는 107kg의 거구에 불행한 흑인 미혼모에 지나지 않았습니다.

하지만 신앙으로 거듭난 그녀의 친아버지를 재회하게 되었고, 그 아버지로부터 윈프리는 매일 성경을 쓰고 암송하는 훈련을 받았습니다.

열아홉 살에 내슈빌 TV 방송국에 취직했는데, 흑인 여성 최초로 뉴스 앵커로 발탁된 것이었습니다. 그런데 담당자는 오프라의 뉴스 전달이 너무 감정에 치우친다고 판단해서 그녀를 **"사람들이 말하고 있다"**라는 토크 프로로 좌천시켜 버렸습니다. 그때 오프라는 첫 방송에 대한 소감을 이렇게 밝혔습니다.

"첫 방송이 끝난 순간 나는 하나님께 감사했어요. 사실 살아가다 보면 원하는 일을 찾지 못할 때가 종종 있잖아요. 오히려 아침 방송으로 좌천되었지만 이제야 진정으로 제 일을 찾은 것 같았어요."

그녀는 그렇게 토크쇼의 여왕이 되는 첫발을 내딛었습니다. 그리고 하나님께서는 그녀에게 현재 세계에서 가장 바쁜 여성이 되게 하셨습니다.

만약 그녀가 좌천되었을 때 자신의 처지를 한탄하며 프로그램을 거부했거나 낙심하고 원망했다면 그녀는 자신의 한계를 벗어나지 못했을 것입니다.

하지만 자신이 비록 좌천되었지만 그것이 하나님께서 주신 자리라는 믿음을 가지고 하나님께 감사의 말을 했을 때, 오히려 하나님께서는 그것을 발판으로 삼아 더 높은 자리로 올라가는 디딤돌이 되게 하셨습니다. 고난을 고난으로 받아들이지 않고, 실패를 실패로 받아들이지 않고 그것을 감사했을 때, 그 고난과 실패가 축복으로 바뀌게 된 것입니다.

그는 아무리 바빠도 매일매일 하나님이 자신에게 주신 하루 5가지의 감사의 글을 꼭꼭 그의 일기에 기록한다고 합니다.

첫째, 오늘도 거뜬하게 잠자리에서 일어날 수 있어서 감사.
둘째, 유난히 눈부시고 파란 하늘을 보게 해주셔서 감사.
셋째, 점심 때 맛있는 스파게티를 먹게 해주셔서 감사.
넷째, 얄미운 짓을 한 동료에게 화내지 않았던 저의 참을성에 감사.
다섯째, 좋은 책을 읽었는데 그 책을 써준 작가에게 감사.

오프라는 감사의 표현을 글말인 일기에 쓰며 두 가지를 배우게 되었다고 합니다.

① **인생에서 가장 소중한 것이 무엇인지**
② **삶의 초점을 어디에 맞추고 살아야 하는지**

저도 앞서서 목회를 하면서 또는 내 인생을 보면서 왜 교회생활을 그렇게 열심히 하는데(주일성수, 십일조, 헌신, 충성, 기도, 전도 등) 복을 받지 못하고 자신뿐만 아니라 자녀도 그렇게 풀리지 않는가에 대해 의문을 가지고 오랜 세월 살았습니다. 그것에 대해 얼마 전 하나님이 성령의 감동으로 알게 해주셨다고 이미 말씀드렸습니다.

사람마다 자기 인생의 밭이 있는데, 그 밭에 각자의 수고와 노력으로 종자의 씨앗을 심는다고 합니다. 그런데 그 밭에 종자를 심었다고 해서 다 싹이 나고 자라는 것이 아니고, 잡초나 가라지가 나서 곡식을 덮어 버리니 제대로 농사가 되지 않고 그 밭은 가라지나 잡초 밭이 되어 망쳐 버리고 만다는 것입니다. 그러니 죽도록 수고하고 애써서 농사해도 결국 실농하고 만다는 것입니다. 자신의 밭에 자란 잡초 때문에….

이것을 경계하며 세 가지를 살펴보고자 합니다.

첫째, "**도적이 오는 것은 도적질하고 죽이고 멸망시키려는 것뿐이요**"(요 10:10)라는 말씀과 같이 마귀가 우리 인생을 도적질하고 멸망시킨다는 것입니다. 에덴동산에 마귀는 아담과 하와를 찾아와 말로 그들의 행복한 인생을 도적질하고 말았습니다. 얼마나 슬픈 사실입니까?

"뱀이 여자에게 이르되 너희가 결코 죽지 아니하리라 너희가 그것을 먹는 날에는 너희 눈이 밝아 하나님과 같이 되어 선악을 알 줄을 하나님이 아심이니라 여자가 그 나무를 본즉 먹음직도 하고 보암직도 하고 지혜롭게 할 만큼 탐스럽기도 한 나무인지라 여자가 그 실과를 따 먹고 자기와 함께한 남편에게도 주매 그도 먹은지라"(창 3:4-6).

마귀의 말, 그 꼬임에 넘어가 그들은 에덴의 축복을 잃어버리고 에덴에서 쫓겨났으며, 그 후손들을 죽음에 이르게 했습니다.

둘째, "저희 중에 어떤 이들이 원망하다가 멸망시키는 자에게 멸망하였나니 너희는 저희와 같이 원망하지 말라"(고전 10:10)는 말씀으로, 원망 불평하다가 멸망시키는 자에게 멸망당하고 맙니다.

원망하고 불평하는 말을 하는 것은 하나님의 주권을 인정하지 않는 것이고, 감사의 말을 하는 것은 하나님의 주권을 인정하는 것입니다.

감사는 우리 마음의 독소를 제거할 뿐 아니라 인생이 만난 문제를 해결해 주시는 하나님의 손을 움직이는 하는 가장 탁월한 마스터키입니다.

감사는 건강의 보약입니다(잠 17:22).

셋째, "입으로 시인하여 구원에 이르느니라"(롬 10:10)는 말씀으로, 입으로 시인하는 말이 원망이나 불평의 말이 아니라 감사의 멋진 말일 때 환경에서 구원받는다는 것입니다.

> "감사로 제사를 드리는 자가 나를 영화롭게 하나니 그 행위를 옳게 하는 자에게 내가 하나님의 구원을 보이리라"(시 50:23).

우리가 하나님께 영광 돌리는 비결은 바로 감사의 말을 하는 것입니다. 그런 자에게 하나님이 환경의 구원을 베풀어 주십니다.

> "그러므로 생명을 사랑하고 좋은 날 보기를 원하는 자는 혀를 금하여 악한 말을 그치며 그 입술로 궤휼을 말하지 말고"(벧전 3:10).

좋은 날 보기를 원하면 혀를 조절하여 악한 말을 그치고 좋은

말을 하라는 것입니다.

노벨 평화상을 받은 미국 28대 대통령 윌슨에 대한 이야기입니다. 버지니아 주 가난한 과부가 아들을 키우고 있었습니다. 과부는 시골에서 목회하던 남편 목사님이 돌아가시고 난 후 세탁 일이나 파출부 일로 생활하면서 아들을 키웠습니다.

아들이 프린스턴 대학을 수석으로 졸업할 때 학교에서 금메달을 목에 걸어 주었는데, 이 메달은 어머니의 것이라고 어머니에게 벗어 드렸다고 합니다. 그 이유가 무엇이냐고 물었더니 어머니가 부탁하신 3가지가 있었습니다.

그 첫째는, 범사에 감사하라(살전 5:18).
그 둘째는, 불평하고 원망하는 자하고는 친구하지 말아라.
그 셋째는, 감사하는 긍정적인 자하고 친구하라.

이 부탁이 자신을 오늘 이 자리에 있게 했다는 것입니다.
그는 학교를 졸업하고 변호사와 교수를 거쳐 마침내 미국의 28대 대통령이 되었고, 노벨 평화상까지 수상했습니다. 그가 바로 윌슨이라는 사람입니다.

한 여인의 이야기입니다. 그 여인은 스트레스로 고도 비만이 찾아와 당뇨를 비롯한 성인병이 생겨 정상적인 생활을 할 수 없을 뿐 아니라 죽음 직전에 이르게 되었고, 이내 남편으로부터 버림을 받게 되었습니다.

그 여인은 자기를 버린 남편을 원망하며 하루하루를 보내다가 머린 목사님의 《찬송 생활의 권능》이란 책을 읽고 감사를 회복하였습니다. 날마다 감사하면서 감사의 말을 하고 살았는데 6개월 후부터 비만을 비롯한 성인병이 완치되고, 드디어 자기를 버리고 떠났던 남편도 돌아와 정상적인 가정을 이루게 되었습니다.

감사는 치유의 언어요, 회복의 언어이며, 또한 생명의 언어입니다.

사탄은 원망하고 불평하게 만들어 여러분의 인생을 도적질합니다. **그러나 감사는 문제 해결의 마스터키이며, 감사는 축복의 마스터키입니다.**

감사할 일이 있어 감사하는 것은 누구나 할 수 있습니다. 그러나 감사할 수 없는 상황에도 감사하는 것은 깨달은 사람, 철이 든 사람만 할 수 있고, 축복의 비밀을 아는 사람만 할 수 있습니다.

여러분의 복된 인생의 밭에 가라지를 뿌리지 말고 감사의 말을 함으로 정말 갈수록 잘되고 복된 인생이 되시기를 소원합니다.

필자도 불평의 말을 할 수밖에 없는 처절한 환경이었지만 긍정의 말을 하기로 작정하고, 입을 스스로 치면서 훈련하며 감사의 말을 했습니다. 그렇게 인생의 꼬인 문제가 해결되고 점점 회복되고 부정적인 자아가 말을 통해 처리되면서 지금은 너무나 행복한 인생을 살고 있습니다.

아브라함과 이삭의 복은 어떻게 이루어졌으며, 야곱의 복은 어떻게 이루어졌습니까? 모세는 어떻게 사람들을 축복하였습니까? 예수님은 어떻게 우리에게 복을 주셨으며, 하나님은 어떻게 우리에게 복을 주시나요?

성경 속에 담긴 복의 비밀을 발견하면 환희와 감격에 휩싸일 것입

니다. 당신의 말을 통해 얼마나 크고 놀라운 하나님의 복이 이루어
지는가를 알게 될 것이며, 또한 우리의 말을 통해 수많은 사람들이
복을 누리게 될 것입니다. 당신은 복된 사람입니다.

7.

말, 어떻게 훈련할 것인가?

 수십 년 동안 습관적으로 고착화되어 속된 말로 "고래 힘줄보다 더 질기고 금강석보다 더 단단한 말"을 바꾸는 훈련, 그것은 그렇게 생각처럼 만만하지 않습니다. 우리의 옛 자아는 얼마나 고약한지 모릅니다. 마음대로 잘 길들여지지 않습니다. 만만한 존재가 아니라는 것입니다. 그래서 무엇이 필요한가요?

 가고 있는 목적지를 알기 전에는 한 걸음도 간 것이 아닙니다. 어떠한 일을 시작할 때에는 목표를 잡는 것이 중요합니다. 적어도 어떤 노선으로 갈 것인지 방향은 잡아야 합니다. 무언가를 시작하고 싶어서 아무 목적도 없이 무작정 시작을 한다면, 그것은 진정한 의미의 시작이 아닙니다.

 그냥 급한 마음에 내딛고 있는 발걸음에 불과합니다. 잘못 내딛는 경우 되돌아와야 할 수도 있습니다. 반드시 목적지를 정하고 움직이길 바랍니다. 중간에 포기하지 않겠다는 치열(熾熱)한 결단력으로…

최근 2020년 5월에 '위닝북스'에서 《버킷리스트 23》(운명을 바꾸는 종이 위의 기적)이 출간되었습니다. 책을 보면 이렇게 말하고 있습니다.

"미래를 바꾸고 싶다면 당장 버킷리스트를 가져라"(꼭 이루고 싶은 꿈을 적은 목록).

생의 마지막 날이 다가왔을 때 여러분은 무엇을 가장 후회할 것 같은가요?

죽음을 앞둔 순간 사람들은 그동안 잊고 지냈던 꿈들을 떠올립니다. 후회와 눈물로 얼룩진 최후를 맞이하고 싶지 않다면 지금 당장 버킷리스트(bucket list)를 작성해야 합니다. 이 버킷리스트는 우리 인생의 지침이 되어 주기도 합니다.

꿈을 이루기 위해 행동하는 과정에서 여러 교훈을 깨닫게 되면서 운명을 바꾸는 힘을 얻게 되기 때문입니다. 갖고 싶은 것, 하고 싶은 것, 되고 싶은 것들을 종이에 적고 생생하게 상상함으로써 성공할 수밖에 없는 긍정 에너지를 현실로 끌어들일 것입니다.

꿈을 이루는 방법과 그것을 실행하는 동안 얻은 가치를 더 많은 사람들에게 전달하고자 하는 그들의 선한 영향력을 만나 보세요. 독자들도 크게 공감하며 용기와 희망을 얻을 것입니다.

지금 바로 종이와 펜을 꺼내 당신만의 버킷리스트를 적어 보세요. 바로 꿈이 떠오르지 않아도 괜찮습니다. 일상에서도 버킷리스트에 대한 생각을 놓지 않고 있다면 가슴속 숨겨져 있던 꿈이 고개를 내밀 것이니까요.

그 과정에서 자신조차 모르고 있던 꿈과 목표를 찾을 수 있습니다. 다른 이의 시선은 신경 쓰지 마세요. 중요한 것은 버킷리스트를 적고 행동하는 과정을 통해 앞으로 나아가는 것입니다.

목표를 향해 한 걸음씩 발을 내디디면서 열정은 점점 커질 것이고, 그것이 바로 삶의 원동력이 되어 당신을 빛나는 성공의 길로 이끌어 줄 것입니다.

(중략)

기계는 정직합니다. 원하는 공정을 입력하면 그대로 실행하게 되고 그리고 정해진 결과 값이 나옵니다. 사실 사람들의 행동도 마찬가지입니다.

항상 같은 방식으로만 움직인다면 그에 따른 결과도 똑같습니다. 나의 생각을 바꾸고 행동 패턴을 바꿔야 완전히 다른 결과를 기대할 수 있는 것이지요. 물론 좋은 결과가 나오지 않을 수도 있습니다. 그러면 다시 도전하십시오. 도전에 대한 가치는 분명 있다고 생각합니다.

모든 사람의 삶에는 이유가 있고 스토리가 있습니다. 내일 다른 위치에 있고자 하면 자신의 생각과 믿음을 바꾸고 행동하면 됩니다.

지금 있는 여러분의 인생의 자리가 마음에 들지 않으신가요? 변화가 필요하다면 가장 빠른 방법은 자신의 생각과 말을 변화시키는 것입니다. 그래야 행동이 바뀌고 마침내 인생이 바뀌게 되기 때문입니다.

《생각의 비밀》이라는 책을 쓴 김승호 CEO가 있습니다. 그는 소유 및 투자 중인 기업의 총매출이 연간 3,500억 원이며, 개인재산은 약 4,000억 원에 달하고, 부채가 제로인 자산가입니다. 그는 한국과 미국을 오가며 각종 강연을 통해 한국 업체의 해외 진출을 돕는 국내 최초의 'CEO 메이커'(사장들을 가르치는 사장)로 활동 중입니다.

현재 한국에 150억 원, 미국 뉴욕에 400억 원을 투자하여 SNOW

FOX라는 그랩&고(GRABNGO) 개념의 레스토랑을 세계 최초로 연이어 오픈 중입니다. 연간 매출 1조 원을 목표로 하고 있으며, 미국 내 〈포브스〉(FORBES) 선정 400대 부자 진입을 꿈꾸고 있습니다.

미국으로 이민한 한국인 중 가장 성공한 사업가 10인에 포함되었으며, 현재 JIMKIM HOLDINDS 회장, 한국 상장기업 우노앤컴퍼니 최대주주, 미국 중견기업인협회 회장, 중앙대학교 외식산업아카데미 교수로 활발히 활동하고 있습니다.

그의 책에 이런 내용이 담겨 있습니다.

나는 매일 100번씩, 100일 동안 상상하고, 기록하고, 외침으로써 모든 것을 얻었다!

나는 1987년 무일푼으로 미국에 건너가 부모님의 식품점 일을 돕기 시작해 이불가게, 컴퓨터 판매업, 지역신문사, 증권·선물회사 등에 도전했지만 계속 쓴 결과를 맛봤다. 2000년경 유기농 식품회사를 인수해 착실히 성공의 발판을 다져나가다 9·11테러라는 위기를 넘겼으나 8개월여의 매장 앞 도로확장 공사로 무너지고 말았다.

거듭 추락하는 중에도 몸과 마음을 추스르면서 재기를 노리던 중 텍사스 휴스턴의 식품매장에서 우연히 김밥을 만나게 됐다. 겨우 1평에 불과한 공간에서 수익이 나는 메커니즘을 분석하고 연구한 뒤 미국 최대 규모의 식품유통체인 크로거(Kroger)와 입점 계약을 체결했다.

월매출 1,500달러를 올리던 매장을 인수받아 주당 매출이 1,000달러를 넘기던 즈음, 공간을 재배치하고 매장에서 김밥 재료를 조리하고 직접 만드는 과정을 보여주는 등 쇼비즈니스와 엔터테인먼트적인 요소를 선보임으로써 고객들의 마음을 사로잡는 데 성공하여 월매출 1만 5,000달러를 돌파하게 됐다.

그 뒤 업계에서 오랜 역사를 자랑하는 JFE사의 인수에 나서게 되는데, 400만 달러에 사업체를 넘기겠다는 JFE 사장과의 협상을 통해 그는 JFE의 매장 다섯 개를 빌려 열 배의 매출을 올리겠다는 자신의 약속을 지킴으로써 오너 파이낸싱 조건으로 단돈 2,300달러에 400만 달러의 비즈니스를 얻게 됐다. 2007년에는 130여 개의 매장으로 연매출 180억 원 규모의 사업체로 성장시켰다.

그리고 7년 여의 시간이 흘렀다. 이 책 《생각의 비밀》은 전작인 《김밥 파는 CEO》의 다음 이야기인 셈이다.

그의 성공 비법은 과연 무엇일까요? 그동안 그의 사업과 삶에는 어떤 변화가 있었을까요? 저자는 많은 독자들이 가장 궁금해하던 이 두 가지 물음에 대한 답을 위해 책을 썼습니다. 그는 말합니다.

"나는 말의 힘을 믿는다. 한번 말을 하고 나면 잊기 전까지 그 힘이 사라지지 않음을 믿는다. 그리고 그 말에 힘을 부여하기 위해 그에 알맞은 이미지를 만들어 포스터로 제작하여 걸어놓거나 글로 써놓고 매일 보고 또 보고, 중얼거리고, 생각한다. 내게 정말 간절한 목표들이 생기면 나는 매일 100번씩, 100일 동안 상상하고, 쓰고, 외친다. 나는 늘 그렇게 해서 내가 가진 모든 것을 다 이루어 왔다."

한번은 미국에 자신이 가지고 싶은 회사가 있었는데 매일 그 회사 앞에 가서 "이 회사는 내 거다", "이 회사는 내 거다"를 하루에 100번 이상 100일 동안 외치고 났더니 마침내 자신의 회사가 되었다고 합니다.

계속 반복하는 동안 자신감과 안목이 생기며 신념과 지혜가 생겨 그것을 인수하게 되었다고 말합니다. 실로 말의 위대한 힘과 능력이 아닙니까?

농부는 땅에 씨앗을 심을 때 자신이 가지고 있는 최상품 종자만 골라서 심습니다. 죽은 것이나 불량한 종자는 절대로 심지 않습니다. 벼를 모판에 심기 전에 소금물로 종자를 띄워 보고, 알차고 충실한 열매만 골라서 모판에 씨를 뿌립니다.

옛날 저의 아버님은 감자나 고구마 또는 기타의 좋은 종자가 어느 곳에 있다고 하면 그 종자를 구하기 위해 수백 리 길을 마다하지 않고 다녀오시곤 했습니다. 1년 농사인 씨앗을 구하기 위해 농부가 그와 같은 수고를 마다하지 않는다면 평생 농사를 위해서 어떻게 해야 하는지는 더 이상 말하지 않아도 아시리라 생각합니다.

'정신일도하사불성'(精神一到何事不成), 잘 아시는 대로 정신을 한 곳에 집중하면 이루지 못할 것이 없다는 말이 아닌가요? 낙숫물이 바위를 뚫고, 쇠뭉치를 끊임없이 연마하면 바늘이 된다는 말이 있습니다. 그래서 반복보다 더 좋은 스승은 없으며, 천재는 반복으로 태어난다고도 합니다.

'말씀 언'(言)에 '이룰 성'(成)이 합쳐지면 '정성 성'(誠)이 됩니다. 내가 한 말이 성취되고 꿈이 이루어지는데 어찌 정성 없이 그냥 누워서 떡 먹기로 되겠습니까? 누워서 떡을 먹어도 눈에 가루가 들어간다는데…

"입에서 나오는 대로 말하지 맙시다! 체로 거르듯 곱게 말해도 불량률은 생기게 마련입니다. 말이 씨앗입니다. 좋은 종자만 골라서 심으십시오.

그러면 때가 되면 아름답고 탐스러운 열매가 여러분의 삶에 주렁주렁 맺힐 것입니다!"

인생은 심는 대로 거두게 되어 있습니다. 마치 부메랑처럼 우리들의 생각, 말, 행동은 언제가 될지 모르나 틀림없이 소멸되지 않고 돌아옵니다. 내가 했던 말과 행동들은 어느 땐가는 반드시 나 자신에게 돌아오게 된다는 것이지요.

누군가에게 호의를 베풀었다면 자신도 그 호의를 받게 될 것이고, 속인다면 자신도 언젠가는 똑같이 당하게 될 것입니다. 항상 긍정적인 태도와 웃음, 그리고 선(善)으로 대한다면 반드시 좋은 결과를 가지고 내게 찾아올 것입니다.

이 말의 훈련을 함에 있어 본인의 의지도 결코 무시할 수 없이 중요한 요소이지만, 인간의 힘과 노력엔 한계가 있기 때문에 혹 중도에 포기하여 말할 수 없는 탄식으로 앉아 있을 때 우리를 위해 대신 도와주시는 성령의 도움이 필요합니다.

"이와 같이 성령도 우리 연약함을 도우시나니 우리가 마땅히 빌 바를 알지 못하나 오직 성령이 말할 수 없는 탄식으로 우리를 위하여 친히 간구하시느니라"(롬 8:26).

끊임없이 성령님의 도움을 구하면서 훈련해야 합니다. 저도 처음에는 불평 제로(?)의 팔찌를 끼고 훈련하기도 했습니다. 하지만 조금 되는 것 같더니 얼마간 시간이 지나니까 다시 원점으로 돌아가는 것이었습니다.

급기야 특단의 조치를 내렸습니다. 부정적인 말이 나올 때마다 저는 주먹으로 제 입을 쳤습니다. 이 입은 입이 아니라 '주둥이'라고 생각하면서 말입니다.

상처 난 입 때문에 식사할 때 얼마나 아팠는지 모릅니다. 그리고 말에 대한 하나님의 말씀을 성경에서 찾아 암송하기 시작했습니다. 그 기간이 무려 8개월이 걸렸습니다. 얼마나 질긴가요? 우리의 습관이라는 것이….

조금씩 조금씩 혀가 제어되면서 제 입술의 말이 바뀌기 시작했습니다. 부정으로 '세팅'된 말의 담이 허물어지면서 새로운 형태의 '말의 담'을 쌓기 시작한 것입니다.

그러면서 점점 제 삶에 변화가 일어나기 시작했습니다. 헝클어졌던 모든 것들이 서서히 제 궤도를 찾기 시작했습니다. 자녀를 비롯하여 교회 등등…. 저와 연계된 모든 환경이 안정되고 달라지기 시작한 것입니다.

지금의 저는 너무 행복합니다. 행복해서 행복하다는 말을 한 것이 아니고 행복하지 않았지만 먼저 행복하다는 말을 습관적으로 반복하고 반복했더니 진짜 행복하게 됐습니다. 말의 힘입니다.

"말이 거칠면 인생이 거칠다! 인생을 바꾸려면 말을 바꾸자!"

제 인생의 얼마나 금과옥조 같은 교훈인지 모릅니다. 말하는 대로 되는 인생, 말에는 '틀'이 있고 '내용'이 있습니다. '틀'이란 꼴, 모양, 맵시, 영어로는 'form'(형태)을 말합니다. 같은 말이라도 '틀'을 맵시 있게, 모양새가 좋게 하면 듣기가 참 좋습니다.

한 가지 주의할 것은 좋은 내용의 말일지라도 '틀'이 좋지 않은 억양을 사용하여 지나치게 큰 소리로 말을 한다든지, 듣기에 거북한 자세로 말을 한다면 설령 축복의 말일지라도 저주처럼 들릴 수 있다는 것을 주의해야 합니다.

1) 내비게이션

이 책을 쓰고 있던 어느 날 주님은 성령을 통해 제게 말씀하셨습니다. 말은 우리 인생에서 아주 중요한데, 마치 차량에 비치하고 다니는 '내비게이션'과 같다고 하셨습니다. 내비게이션에 가고자 하는 목적지를 말로 세팅해 놓고 운행을 하면(말은 문자로 표현하는 글말과 입으로 하는 소리 말이 있다) 고장이 났거나 오작동하는 내비게이션만 아니라면 틀림없이 우리를 목적지에 데려다 줍니다.

예컨대 서울 광화문에 맞춰 놓으면 정확하게 광화문에 데려다 주고, 부산의 해운대에 맞춰 놓으면 그곳으로 데리고 가며, 여수 오동도에 맞추면 그곳까지 데려다 줍니다.

목적지에 도착하지 못할까 봐 불안해하거나 애를 쓰거나 걱정할 이유가 전혀 없습니다. 길을 모르는 초행일지라도 정확하게 그곳으로 인도합니다. 가다가 말을 바꾸지만 않으면 말입니다. 왜냐하면 가고자 하는 목적지를 내비게이션에 이미 말로 입력해 놓았기 때문입니다.

그런데 운행 중 목적지를 변경하면 내비게이션은 또 변경한 곳으로 운전자를 안내합니다. 이것이 무엇을 의미하는 것인가요?

한번 복된 말을 하기로 목적을 세팅했으면 끝까지 축복의 말, 긍정의 말, 믿음의 말을 해야지, 가다가 도중에 힘든 환경이나 어려움을 만났다고 부정적인 말이나 원망·불평의 다른 말로 바꾸면 축복이라는 목적지에 도착하기는커녕 가기도 전에 인생의 자동차가 곁길로 빠지고 만다는 것입니다.

가고자 하는 목적지를 수정·변경하면 자동차는 또다시 변경된 그곳을 지향하기 때문입니다.

때로는 목적지를 설정했는데도 내비게이션을 잘못 보아 길을 잘못 들어설 수 있습니다. 저도 초행길을 가면서 여러 번 그런 경험이 있습니다. 그러나 걱정할 필요가 없습니다. 시간만 더 걸릴 뿐이지 목적지는 이미 정해져 있기 때문에 길이 달라졌다고 목적지가 변경되지는 않습니다. "모든 길은 로마로 통한다"는 말이 있습니다. 로마로 가고자 하는 목적이 분명하다면 어느 길로 가든지 반드시 로마에 이르고야 만다는 뜻입니다.

지난 2017년 여름, 종교개혁 500주년을 맞아 개혁의 발자취를 따라 유럽 5개국을 순회했습니다.

먼저 독일 프랑크푸르트에 도착해서 루터보다 100년 전 개혁의 기치를 들었던 체코의 '얀 후스 기념 교회'와 지하에서 복음의 정절을 지키며 살았던 흔적을 돌아보고 난 후, 다시 독일로 건너가 종교개혁의 산실인 루터의 발자취와 칼뱅의 출생지인 프랑스를 지나 그가 본격적으로 개혁을 단행했던 스위스를 돌아본 후, 마침내 이탈리아에 도착하여 베네치아를 거쳐 로마의 바티칸 대성당을 둘러볼 수 있었습니다.

여러 나라를 거쳤지만, 결국은 가고자 하는 최종 목적지인 로마에 도착했습니다. 왜냐하면 최종 목적지를 다른 곳으로 수정하지 않았기 때문입니다. 아마 최종 목적지를 다른 곳으로 변경했다면 로

마에는 갈 수 없었을 것입니다. 이처럼 언제나 내비게이션은 목적지만을 지향하고 있습니다.

예컨대, 여수에서 서울 광화문으로 가는 데는 여러 갈래의 길이 있습니다. 호남고속도로를 타고 갈 수도 있으며, 서해안고속도로를 타고 갈 수도 있습니다. 그런가 하면 국도를 이용해서 갈 수도 있습니다.

상관없습니다! 길이 다르다고 목적지가 변하는 법은 없기 때문입니다.

2) 자동차의 전·후진 기어

말은 자동차가 전진이나 후진할 때 사용하는 기어와 같다는 것입니다. 무슨 말인가요? 자동차가 앞으로 나아가려고 하면 전진 기어를 넣어야 하고, 뒤로 가기 위해서는 후진 기어를 넣고 액셀을 밟으면 됩니다.

앞으로 가기를 원하는 운전자가 후진 기어를 넣고 액셀을 밟는다면 그 차가 어디로 갈까요? 물어볼 필요도 없이 그 차는 후진하여 사고를 내고 말 것입니다.

후진 기어를 넣고 있는 한은 결코 전진할 수 없습니다. 발을 떼고 다시 기어를 전진 기어로 바꿔야 합니다. 그럴 때 비로소 그 차는 앞을 향해 나아갈 것입니다.

말도 이와 똑같습니다. 인생이 잘되고 행복하기를 원하면 행복의 씨앗을 심어야 합니다. 왕 같은 삶을 살기를 원하면 왕의 언어를 써야 합니다. 거지 같은 말을 사용하면서 어찌 형통하기를 바라겠습니까?

만왕의 왕이신 주님이 하신 말씀을 따라서 하면 됩니다.

"예수께서 이르시되 할 수 있거든이 무슨 말이냐 믿는 자에게는 능치 못할 일이 없느니라 하시니"(막 9:23).

긍정적인 말을 하라는 주님의 가르침입니다. 참 멋진 말씀입니다. 당신의 입이 바로 당신의 그릇이고, 인격입니다.

3) 좋은 씨와 나쁜 씨를 섞어 뿌리지 마라

이 책을 읽는 독자 여러분에게 꼭 부탁드리고 싶은 말이 바로 이것입니다. 결단하고 어떤 어려움이나 어떤 열악한 환경에서도, 심지어 죽음을 앞둔 사지에서일지라도 복된 인생이 되겠다고, 복된 말만 하기로 작정했다면 복된 말만 해야지 화가 되는 말, 곧 원망이나 불평의 부정적인 말을 하지 말라는 것입니다. 형편과 처지에 따라 어느 때는 긍정의 말, 어느 때는 부정의 말, 곧 말 바꾸기를 하지 말라는 것입니다.

왜냐하면 세상 모든 일은 심는 대로 거두는데, 한 번은 좋은 씨앗(좋은 말)을 심었다가 한 번은 가라지(나쁜 말)를 심으면 싹이 날 때 가라지와 좋은 씨의 싹이 모두 뒤엉켜서 이것도 아니고 저것도 아닌, 그야말로 가시와 엉겅퀴가 무성한 잡초 밭이 되고 말 것이기 때문입니다.

"네 밭에 두 종자를 섞어 뿌리지 말며"(레 19:19).

"샘이 한 구멍으로 어찌 단 물과 쓴 물을 내겠느뇨"(약 3:11).

지하수 성분을 검사하면 성분 분석표가 나옵니다. 그 샘에서는 그 샘에 있는 성분 외에 다른 성분의 물은 내놓지 못합니다.

내담자들과 얘기를 나누다 보면, "목사님, 저는 축복의 말을 하기로 작정하고 그렇게 하고 있는데, 왜 저하고는 거리가 멉니까?"라고 질문할 때가 있습니다. 그럴 때면 저는 꼭 이 말을 해줍니다. "가라지와 좋은 씨를 섞어서 뿌리고 있군요." 그러면 깜짝 놀라면서, "목사님이 어떻게 그것을 아시느냐?"고 반문합니다.

멋진 말과 거친 말을 번갈아 가며 하지 말아야 합니다. 그렇게 하는데 어떻게 좋은 결과가 나오겠습니까?

4) 통에 담긴 더러운 물을 바꾸는 것처럼

통에 담긴 더러운 물을 맑은 물로 바꾸려면 어떻게 해야 할까요? 방법은 두 가지가 있습니다. 하나는 깨끗하게 비우고 새 물을 붓는 것이고, 하나는 더러운 물이 맑아질 때까지 깨끗한 물을 계속 통에다 부어 주는 것입니다. 맑아질 때까지….

마찬가지로 맑은 물과 같은 축복의 말, 긍정의 말, 감사의 말을 내 인생의 통에 계속 부어야 맑고 깨끗한 복된 물이 유지되지, 구정물 같은 더러운 말, 부정적인 말, 원망이나 불평 또는 누추한 말을 붓는다면 어떻게 깨끗한 물로 바뀔 수 있겠습니까?

컵에다가 깨끗한 물과 더러운 물을 번갈아 가면서 붓는다면 그 물은 과연 어떤 물이 될까요? 언제나 그 물은 구정물 신세를 면하지 못할 것입니다. 아무리 깨끗한 물일지라도 잉크 한 방울, 먹물 한 방울 떨어뜨리면 그 물은 잉크물이나 먹물이 되고 말지 않겠습니까?

새로운 축복의 사람, 새 물이 되겠다고 세팅했으면 지속적으로 세팅한 그대로 새 물을 부어야 새로운 축복의 사람이 되지 않겠습니까?

5) 땅을 메우는 간척 사업과 같다

웅덩이를 메우거나 간척을 할 때는 그 웅덩이나 간척지가 메워질 때까지 흙을 부어야 합니다. 조금 메우다가 중단해 버리면 효용가치가 떨어집니다. 오히려 메우기 전보다 더 못할 수도 있습니다.

여수의 돌산 지역에 낮은 땅을 어느 택지 공사에서 맡아서 택지로 조성하기 위해서 땅을 돋우는 공사를 했는데, 길보다 많이 낮아 싼 값에 분양을 했지만 처음엔 분양이 되지 않아 상당히 곤욕을 치르기도 했습니다.

그 후 십수 년이 지나 조금씩 분양이 되어 아파트나 건물이 들어서기도 했지만 지금도 낮은 지역엔 비가 많이 오면 물을 처리하는 데 애로가 있습니다. 그때 시간과 돈이 더 들어갈지라도 완전하게 했더라면 이런 일이 없었을 텐데, 아쉬운 일이 아닌가요.

고 정주영 씨가 서해안 바다를 육지로 만든 간척 사업에 성공할 때 유명한 일화가 있습니다.

간만의 차가 있는 바닷물을 더 이상 들어오지 못하도록 막아야 하는데 흙을 메워 놓고 물막이 공사를 마무리하려고 하면 바닷물이 들어와서 흙을 쓸어가고 또 쓸어가 버리는 그야말로 속수무책일 때 기발한 아이디어로 폐유조선을 막아 놓고 마침내 그 어마어마한 간척 사업을 완성한 것입니다.

고생은 했지만 지금은 가을이면 황금 들판의 장관을 연출할 뿐 아니라 우리나라 먹거리의 상당 부분을 감당하는 곡창지대가 되었습니다.

마찬가지로 우리 입의 긍정의 말, 멋진 말이 부정의 공간에 가득 채워질 때까지 계속 부어야 합니다. 체질이 바뀔 때까지….

6) 물이 끓는 임계점에 이를 때까지

물이 끓는 임계점인 100도에 이를 때까지 불을 끄면 안 됩니다. 어떤 문제가 '티핑 포인트'(Tipping Point, 어느 순간 갑자기 모든 것이 급격하게 변하기 시작하는 극적인 순간)를 지나 정점에 이를 때까지 지속해야 하는 것입니다. 그러면 때가 되면 문제와 환경을 돌파하여 그 말대로 이루어지는 것입니다.

어릴 적 한 번은 엄마가 동네 샘에 물을 길으러 가시면서 초등학생인 나에게 고구마를 앉혀 놨으니 불을 때라고 하시면서 가셨습니다. 나는 김이 나기에 다 된 줄 알고 불을 꺼버렸습니다.

물을 길어 가지고 오신 어머니께서 솥을 열어 보고 나를 부르시기에 가 봤더니, 물이 끓더라도 불을 조금 더 때야 하는데 너무 빨리 꺼버려서 이 고구마는 못 먹는다고 하시는 것입니다.

한번 타이밍을 놓치면 다시 불을 때도 고구마가 제대로 안 익는다고 하셨습니다. 푹 익을 때까지 불을 때야 하는데….

7) 정상을 정복하는 산악인처럼

산악인들은 산을 정복하려고 만반의 준비를 다하여 정상에 도전합니다. 위험하기 때문에 때로는 목숨을 거는 도박을 하기도 합니다. 그들 중에 얼마나 많은 사람들이 산에 묻혀 돌아오지 못하고 있는지 모릅니다.

그런데 만약 어떤 산악인이 등반 중 산소가 희박하고 날씨(환경)가 힘들다고 8-9부 능선에서 정상을 코앞에 두고 포기하고 하산해 버렸다고 합시다. 얼마 후 그가 또다시 도전하겠지만 그 지점에서 돌아서고 또 돌아서고 만다면 과연 그 사람은 정상을 정복할 수 있을까요? 어림도 없습니다. 그는 죽도록 헛수고만 반복할 뿐 정상은 요원한 것입니다.

마치 이것은 '내비게이션'에 목적지로 정상을 세팅해 놓고 중간에 경로를 바꾸는 것과 같습니다.

하지만 힘들어도 정상 정복(돌파)의 목적지를 변경하지 않고, 베이스캠프를 치고 몸을 추스르고 날씨가 맑아지기를 인내하며 기다리다가 다시 도전한다면 언젠가는 반드시 정상을 정복하게 될 것입니다.

대한민국에는 세계적인 산악인이 2명 있습니다. 한 사람은 엄홍길 씨이고, 한 사람은 박영석 씨입니다.

엄홍길 씨는 8,000m 이상 16좌 등정에 성공했습니다. 세계의 고봉인 히말라야 8,000m 14좌를 세계에서 여덟 번째로, 그리고 대한민국에서는 최초로 등정한 산악인입니다. 1988년 5월 26일에 에베레스트 8,850m를 시작으로 2007년 로체샤르 8,400m를 정복할 때까지 무려 19년의 세월을 보냈습니다.

박영석 씨는 8,000m 이상 14좌에 성공했다고 합니다. 그는 2005년 5월 1일에 북극점에 도달함으로써, 세계 최초로 산악 그랜드슬램을 달성했습니다. 산악 그랜드슬램(Adventure Grand Slam)은 히말라야 8,000m 14좌 등정, 세계 7대륙 최고봉 등정, 3극점 정복, 이 세 가지를 모두 달성하는 것을 부르는 말입니다. 1985년에 일본의 북 알프스 3,190m를 시작으로 20년이 걸린 노력의 결실입니다. 그들이 얼마나 많은 죽을 고비를 겪으면서 이 성과를 거뒀겠습니까…?

말에는 힘이 있습니다. 말이 씨가 되고, 말하는 대로 됩니다. 그래서 산악인들처럼 죽을 각오로 훈련하고 노력해야 합니다. 부정적인 말이 나도 모르게 입에서 나오거든 입을 치세요.

그것은 입이 아니라 주둥이라고…. 입술이 터져서 얼마동안 쓰리고 아픈 것이 평생 쓰리고 아픈 인생을 사는 것보다 백 번 낫지 않겠습니까? 입술이 터져 죽은 사람은 없습니다.

이상헌 선생의 《흥하는 말씨 망하는 말투》에는 이런 이야기도 있습니다. 어떤 사람을 훈련시킨 내용입니다.

어느 해엔가 신앙심이 돈독하고 열심히 일하는 주부 한 사람을 '감사합니다'의 모델로 선정했다. 그녀는 세 자녀를 둔 맹렬 여성이지만 일이 잘 풀리지 않아 그녀를 지도해 주기로 했다.

주인공인 김은혜 씨는 아침 다섯 시에 일어나 기도로 하루를 시작한다. 언제나 학교에 가는 세 자녀의 아침 준비를 해야 하고, 자신도 출근하기 때문에 몸이 열 개라도 부족할 정도다.

인천에 거주하는 그녀의 출근 시간은 일터가 있는 서울까지 정확히 1시간 20분이 걸린다. 그때까지는 출근하는 전철에서 독서를 하거나 통화도 하고 깜박 졸기도 했다. 그렇지만 100일 작정으로 전철에서 내릴 때까지 오로지 "감사합니다"만 반복할 것을 약속했다.

그러나 처음부터 익숙하게 된 것은 아니었다. 감사할 일도 없는데 왜 "감사합니다"라고 해야 하는가? 미운 사람에게도 "감사합니다" 해야 하는가? 하는 일도 제대로 안 되고 어려움이 태산 같은데 "감사합니다"를 꼭 해야 하는가? 이런 의문이 들었다.

처음에는 어색했지만 약속을 지키기 위해 반복하다 보니 답답했던 일들이 안개처럼 서서히 흩어지며 마음속에 태양이 비치기 시작했다. 살면서 발생하는 모든 일에는 분명한 무슨 뜻이 있음을 깨닫게 되었다.

섭섭했던 사람에게도 감사하고 역경에도 감사하면서 기쁨과 희망이 충만해지고 모든 것이 변하기 시작했다.

그녀는 언제나 전철의 같은 자리에 서서 "감사합니다"를 암송했다. 빈자리가 있어도 앉지 않고 지극정성으로 "감사합니다"만을 반복한다. 빈자리가 있어도 앉지 않고 선 것은 잠시라도 졸면 안 된다는 생각 때문이었다.

그런데 한 달도 안 되어 주위 사람들이 도대체 무슨 화장품을 쓰느냐고 하면서 몰려들었다. 피부의 트러블이 없어지고 화장을 안 했는데도 얼굴에 빛이 나면서 맑고 투명해진 것이다.

얼굴이 좋아지자 너나없이 "무슨 좋은 일이라도 있어요?" 하고 물었다. 예전 같았으면 "좋은 일이 어디에 있어요?" 했을 텐데 웃으면서 "좋은 일이 많지요" 하고 대답을 했다. 어쩐지 좋은 일이 많다고 느껴진 것이다.

이렇게 '감사함'에 몰입이 되다 보니 감사의 분량과 크기는 증폭되고, 100일도 되기 전에 자신은 물론 가족과 주변 사람까지 좋은 변화가 생겨났다.

삼수 끝에 E대에 들어간 딸은 H그룹의 인재육성 프로그램에 스카우트되었다. 재수를 한 아들은 국립대학에 들어가는 행운을 얻는가 하면 금상첨화로 학년 대표까지 되었다고 한다.

남편은 김 유통업을 하고 있었다. 그런데 매년 받은 어음 중에 부도가 나는 어음이 있어 앞으로 벌고 뒤로 손해를 보기 일쑤였지만 어쩐지 일이 술술 풀렸다.

그러나 가장 크게 감사할 일은 82세의 시어머니 건강 문제였다. 효심이 지극한 은혜 씨는 간암수술을 받은 시어머니가 퇴원하자 모시게 되었다. 그 후 암이 다른 부위로 전이되어 모두를 긴장시키는 일이 생겼지만 "감사합니다"를 반복하는 동안 호전되었다고 한다.

자신이 하는 일은 말할 나위가 없고 자신의 주변에까지 여러 가지 감사할 일이 생겨난 것이다. 자신에게 좋은 변화가 오기를 기다리기 전에 "감사합니다"를 암송해 보자. 감사할 때 감사할 일이 나타나고, 원망하면 원망할 일만 나타날 것이다.

1958년 '스트레스 학설'로 '노벨의학상'을 수상한 한스 셀리에 선생이 하버드에서 고별강연을 마쳤을 때 많은 청중들이 기립박수를 쳤습니다. 강연을 마치고 강단을 내려가기 전 어떤 분이 질문을 했습니다. "선생님! 현대를 사는 우리가 가장 많이 받는 것이 스트레스인데 어떻게 하면 이 스트레스를 덜 받고 살 수 있나요?" 그의 대답은 의외로 간단했습니다.

"'감사'(appreciation)하세요."

그렇습니다. 감사는 곧 정화제요, 치료제입니다. 앞에서도 말했지만 필자도 때로 스트레스를 받을 때 의도적으로 "감사합니다"를 몇 번 외치고 나면 불편한 마음이나 끓어오르던 분노가 스르르 눈 녹듯 사라지는 것을 경험하다 보니 "감사합니다"가 입에 붙어 버린 것 같기도 합니다. 종교인 장수비결이 "범사에 감사합니다"가 아닌가 생각합니다.

1934년 생으로 올해 나이 87세인, 정신의학과 교수인 이시형 박사는 그 나이에도 건강하게 현역활동을 하고 계십니다. 자신에게는 정년이 없다고 합니다. 그가 말하길, 감사할 때 '세로토닌'이 펑펑 쏟아져 인간을 건강한 체질로 만든다고 하였습니다. 그래서 그는 늘 감사하는 삶을 산다고 합니다. 그렇습니다. 스트레스를 치료하는 명약은 바로 감사입니다.

가히 감사는 인간 최고의 성숙한 언어입니다. 나의 입에서 나오는 말이 곧 기도이기 때문에 불평의 말을 감사의 말로 바꾸면 세상이 바뀌는 것입니다.

인생의 마스터키

감사(感謝)는
인생의 만능키(Master Key)
이 땅에
근심 걱정
문제 없는 사람 누군가?
노동자
농민
부자
가난한 자
대통령…
감사함으로
문제를
풀며 사는 사람과
불평함으로
문제에 묶여 사는
사람 있을 뿐…

호텔 방마다
열쇠 각각인데
지배인에게는
어느 방이든

열 수 있는

키(Key) 하나 있지요

'야훼' 하나님

우리가 만나는

어떤 여리고 성(城)도

넘을 수 있는

선물(膳物)로

감사의 키(Key) 주셨답니다

감사로 제사를

드리는 자가

나를 영화롭게 하나니

그 행위를

옳게 하는 자가

'야훼'의

구원(救援)을 보리라(시 50:23)

다니엘의 감사가

사자 입을 막았고(단 6:1-28)

사드락 메삭

아벳느고의 감사가

풀무불 죽음을(단 3:12-30)

인생 문제

힘으로도 능(能)으로도
풀 수 없으니
원망과 불평은
오히려 환경을
악(惡)하게 할 뿐(민 14:29-30)

매 맞고 옥에 갇힌
바울과 실라
울어야 할 때
찬송하고
탄식해야 할 때
기도하고

원망하고 불평해야 할 때
하나님께 감사했더니
옥 터가 흔들리고
문이 깨어지며
결박된 쇠사슬이
끊어지고
간수들이 예수를
영접했고야(행 16:16-34)

캄캄한
인생의 밤에라도
감사하는 자에겐

빛이 임하고

감사하는 자에겐

결박이 풀어지며

감사하는 자에겐

가로막힌 문들이 열리리

감사(感謝)는 행위(行爲)

감사(感謝)는 습관(習慣)

감사(感謝)는 승리(勝利)

감사(感謝)로

체질이 바뀔 때

저주가 변하여

복(福)이 임하고

승리의 세상이 열리느니

감사(感謝)는

인생(人生)의

마스터키(Master Key)

2014년 11월 16일

추수감사절에

江岜 임판석 목사

註: 시 50:23; 단 3:12-30, 6:1-28

"감사로 제사를 드리는 자가 나를 영화롭게 하나니 그 행위를 옳게 하는 자에게 내가 하나님의 구원을 보이리라"(시 50:23).

이스라엘의 제사는 아침저녁으로 하루에 두 번 드리는 상번제가 있습니다. 즉 하루를 시작하면서 제사, 그리고 하루를 마감하면서 제사, 다시 말해 아침에도 감사, 저녁에도 감사라는 말입니다.

습관적으로 감사하라는 말인 것입니다. 다니엘의 습관이 된 감사가 사자의 입을 막았고, 그 친구 사드락, 메삭, 아벳느고의 감사가 일곱 배나 뜨거운 풀무에서 털끝 하나 상하지 않고 살아나게 하였습니다.

그뿐만 아니라 사도 바울의 감사가 묶인 쇠사슬을 끊고 감옥 문을 여는 결과를 가져왔습니다. 그래서 감사는 기적을 일으키고 불가능을 가능케 하는 말이며, 인간이 할 수 있는 최고의 언어입니다. 하나님의 구원의 손길을 경험하는….

필자는 매일매일 쉬지 않고 날마다 영혼과 육신의 강건함을 위해 외치는 선포가 있습니다. 성도들도 함께 선포합니다.

"멋진 인생! 멋진 말!"(Wonderful Life! Wonderful Words!)

"나는 갈수록 잘된다!"(시 92:14)
"나는 건강하다!"(출 15:26)
"나는 행복하다!"(신 33:29)
"나는 물 댄 동산, 마르지 않는 샘이다!"(사 58:11)

꾸준히 반복하며 포기하지 않고 매일매일 믿음으로 선포하고 선포합니다. 아픈 데가 있어도, 잘 걷지 못할 정도로 다리가 아파도 아프다고 말하지 않고 계속 나는 건강하다고 선포하고 선포합니다. 최소한 하루 50번 이상 선포하기를 주문합니다.

때로는 '내가 지금 잘하고 있는 것인가?', '뭐 이런다고 건강해질까?', '내가 좀 정신이 이상한 것 아닌가?' 하는 의구심이 들 때도 있습니다.

하지만 부정적인 사탄의 속임수를 거절하고 또 외칩니다. 많이 아프면 때로는 병원을 찾을 때도 있고 약을 쓰기도 하지만, 지금도 이 나이에 젊은 사람들과 어울려 거의 매일 족구를 즐긴다면 꽤 쓸 만하지 않은가요?

혹 어떤 분은 원래부터 건강했으니 그런 것 아니냐고 반문하실 것입니다. 그렇지 않습니다. 무릎을 몇 번 수술하고 치료 받기도 했습니다. 걷는 것 자체가 기적입니다.

저는 본래 체질이 건강한 편이 아닙니다. 지독하게 병치레를 많이 했으며, 다 죽었다가 살아난 경험도 몇 번이나 있습니다. 그래서 좀 어떻게 건강하게 살아 보자고 의료인 직업을 선택하기도 했습니다.

이 모든 과정과 상황이 전적으로 하나님의 은혜라는 것은 말할 필요도 없습니다(고전 15:10).

8) 언어 자석의 양극을 만들어라
(부정적인 것을 음극, 긍정적인 것을 양극이라고 칭함)

하나님의 축복을 끌어당기는 믿음의 양극을 만들기 위해서는 먼저 하나님의 말씀을 묵상해야 합니다.

'묵상'이라는 말의 히브리 원어를 보면 '하가'이며, 그 뜻은 '속으로 묵상하다'는 말이 아니라 밖으로 '읊조리다', '소리 내어 외치다'라는 뜻이라고 이미 말씀드렸습니다.

자석의 양극처럼 긍정적으로 분위기가 바뀌려면 시간이 걸립니다. 하나님의 말씀이 당신의 영 안으로 들어가려면 상당한 시간이 필요하기 때문입니다.

자기 안에 부정적인 음극성으로 가득 찬 사람은 부정적인 일들에는 적극적이고, 긍정적인 일에는 부정적입니다. 그는 자기에게 일어나는 모든 일들을 전부 다 부정적으로만 생각합니다.

자기에게는 결코 좋은 일이 일어나지 않을 것이라고 믿습니다. 만일 그가 첫 번째 달에 봉급 인상을 받게 되면, 그는 "두고 봐라. 이번에 인상된 돈만큼 날려 버릴 사건이 반드시 터지고 말 테니까!"라고 말할 것입니다.

그 사람은 지금 마귀에게 문을 열어 준 것이나 다름없습니다. 자기에게 아무리 좋은 일이 일어나도 그는 항상 악한 것만 생각하고 말하기 때문입니다. 마치 모든 나쁜 일들이 길을 내려가다가 자기 집 앞에서 멈춘다고 생각하는 것과 같습니다.

이런 생각은 그를 더욱더 부정적인 사람으로 만듭니다. 이렇게 부정적인 생각으로 가득 찬 사람은 축복을 밀어내고, 좋지 않은 일들만 끌어당깁니다. 우리 자신이 고백하고 말하는 그 말로써 긍정적인 분위기를 만들 수도 있고, 부정적인 분위기를 만들 수도 있는 것입니다.

당신의 입에서 나오는 말을 당신의 눈으로 볼 수는 없지만, 그러나 당신의 입으로 한 말을 당신 자신이 들으면서 자신의 말의 정신적인 이미지는 붙잡을 수 있을 것입니다.

― 찰스 캡스 저, 최기운 옮김, 《당신의 말 속에 성공이 들어 있다》(p. 100).

참으로 옳은 말입니다. 어떻게 형통하기를 원하면서 불통의 말을 할 수 있을까요? 전진하기를 원하면 전진하는 말을 끌어와야 할 것 아닌가요? 앞에서도 말했지만 욥이 왜 그런 엄청난 고난을 당하여 열 자식과 전 재산을 다 잃어버렸나요?

바로 고난을 끌어들이는 음극성의 말을 한 결과입니다.

"나의 두려워하는 그것이 내게 임하고 나의 무서워하는 그것이 내 몸에 미쳤구나 평강도 없고 안온도 없고 안식도 없고 고난만 임하였구나"(욥 3:25-26).

평안도 안식도 없고 고난만 임했다는 고백을 말입니다.

9) 가난이 찾아오기 전에 먼저 부요의 말을 하고, 질병이 찾아오기 전에 먼저 건강의 말을 하라

"행복해서 행복하다고 말한 것이 아니라 행복을 부르는 말, '나는 행복하다'는 말을 먼저 했더니 행복해졌다." 행복한 삶을 원한다면, 끊임없이 행복하다고 말해야 합니다. 그러면 지금은 불행할지라도 머지않아 진짜 행복해질 것입니다.

"건강해서 건강하다고 말한 것이 아니라 건강을 부르는 말, '나는 건강하다'는 말을 먼저 했더니 건강해졌다." 건강한 삶을 원한다면, 끊임없이 건강하다고 말해야 합니다. 그러면 지금은 건강하지 않을지라도 머지않아 진짜 건강해질 것입니다.

"부자여서 부자라고 말한 것이 아니라 부요케 하는 말, '나는 부자다'라는 말을 먼저 했더니 부자가 되었다." 부요한 삶을 원한다면,

끊임없이 부요를 말해야 합니다. 그러면 지금은 부요하지 않을지라도 머지않아 부요함이 날개를 달고 찾아올 것입니다.

이렇게 말할 때 한 가지 명심해야 할 사안이 있습니다. 그것은 믿음을 사용하여 말하라는 것입니다. 믿음은 이미 하나님께서 우리에게 주셨기 때문에 우리에게 와 있는데 그 믿음을 우리가 꺼내서 사용하지 않을 뿐입니다.

예를 들면 이런 것입니다. 추운 겨울철에 뜨거운 열(熱)은 당신이 바라는 것이고, 기름이나 가스, 혹은 전기는 당신이 원하는 그 열(熱)을 만들어 내어 따뜻한 겨울을 보내게 할 연료입니다.

당신의 집 안을 따뜻하게 만들기 위한 연료는 항상 난방 기계와 연결되어 있습니다. 그러나 그 연료가 사용되느냐 사용되지 못하느냐는 별개의 문제입니다. 왜냐하면 온도 조절기의 다이얼을 돌려서 맞추어야 할 사람은 바로 당신 자신이기 때문입니다.

당신이 온도 조절기의 다이얼을 돌려서 맞출 때 신호는 난방 보일러의 심장부에 전달되고, 작은 밸브가 열리면서 점화기가 가스에 불을 붙여 열을 발생시키고, 전기 코드에 불이 들어오게 됩니다.

연료는 항상 그곳을 흐르고 있으며 전원은 연결되어 있습니다. 그러나 목표 설정기가 신호를 내보내기 전까지는 실제로 연료나 전기가 있지만 사용되지 않기 때문에 없는 것이나 마찬가지입니다. 이것이 바로 사람들이 자신들의 믿음을 가지고 어떻게 해야 하는지를 잘 보여주는 예화입니다.

사람들은 믿음을 가지고 있으면서도 그것을 풀어서 사용하지 않고 있습니다. 그래서 먼저 믿음을 사용하여 말하라는 것입니다.

마치 몇 억짜리 수표를 가지고 있으면서도 사용하지 않아 끼니를 굶고 가난하게 사는 사람과 같은 이치입니다. 실제로 서울 모 교회 목사님이 빈민가에 사시는 할머니를 심방하러 가셨는데 할머니가 부엌에 차를 준비하려고 나간 사이 방에 앉아 계시던 목사님의 눈에 수표 한 장이 벽에 붙어 있어서 그 수표를 살펴봤더니 당시에 집을 한 채 사고도 남을 만한 큰 액수였다고 합니다.

차를 들고 온 할머니에게 이 수표가 어디서 생겼느냐고 물으니, 옛날 가족이 없는 어떤 할아버지 한 분이 병으로 고생하실 때 수발해 드렸더니 그 할아버지가 돌아가시면서 주셨다고 하더랍니다.

수표의 가치를 모르는 할머니는 그 귀한 것을 벽에다 모셔 놓고 그렇게 가난하고 힘들게 살고 있었던 것입니다. 말도 이와 같습니다. 우리도 말의 능력과 힘을 모르면 그 할머니와 같을 수밖에요….

심각한 위기가 찾아오기 전에 하나님의 진리 체계가 작동할 수 있도록 먼저 말씀을 묵상(하가)해야 합니다. 하나님의 원리는 당신을 곤경에서 구해 주실 뿐만 아니라 당신이 곤경에 빠지지 않도록 지켜 주실 것입니다.

홍수가 밀려올 때 기초를 세우는 일은 참으로 어렵습니다. 그러므로 집을 세우는 일을 시작하기 훨씬 전부터 먼저 기초를 놓아야 하는 것입니다. 마치 나뭇잎이 말라 죽어 버리면 아무리 거름을 주고 물을 주어도 이미 때가 늦은 것처럼, 지금부터 다음과 같이 선포하고 시인하시기 바랍니다.

가난이 찾아오기 전에, 물질의 궁핍함을 만나기 전에 이렇게 선포하고 시인하십시오.

"나의 하나님께서 그의 영광의 풍성하심을 따라 나의 모든 필요를 채우신다. 나는 부요한 자다"(빌 4:19).

건강의 기근이 덤비기 전에 또한 이렇게 고백하고 선포하십시오.

"친히 나무에 달려 그 몸으로 우리 죄를 담당하셨으니 이는 우리로 죄에 대하여 죽고 의에 대하여 살게 하려 하심이라 저가 채찍에 맞음으로 너희는 나음을 얻었나니"(벧전 2:24).

당신이 고백을 시작해야 할 때는 이미 모든 일이 잘못되어 엎질러진 후가 아닙니다. 만일 어떤 문제가 이미 당신에게 찾아와 있을 때 이런 원리들이 움직이도록 하려면 훨씬 더 많은 시간이 필요하게 됩니다.

문제가 생기기 전에 하나님의 말씀의 기초를 놓음으로써 광야에서의 고통스런 방황의 체험을 피하시기 바랍니다. 실패를 맛본 다음이 아니라 모든 일의 시작 단계에서부터 당신의 믿음을 사용해야 합니다. 아무 병에 걸리지도 않고, 어떤 재정적인 어려움도 없을 때부터 말씀을 고백하시기 바랍니다.

"하나님 감사합니다. 저의 하나님이 제 모든 필요를 채우십니다!"

이런 믿음의 고백을 통해서 당신의 속사람이 강건해지고, 당신의 영의 사람은 하나님의 능력으로 채워지는 것입니다.

문제가 다가오는 것이 보일 때 그 문제를 향해 사라질 것을 명령해야 합니다. 마귀를 대적하듯이 그 문제들을 대적해야 합니다.

부요와 형통에 관한 하나님의 말씀을 규칙적으로 고백하십시오. 일이 잘되어 가고 있으니 계속해서 고백할 필요가 없다는 생각으로 엄벙덤벙 지내다가는 어느 날 아침, 잠이 깨었을 때 갑자기 재정적인 어려움에 직면할 수도 있습니다. 그제야 문제를 향해서 명령하기 시작한다면(처음부터 계속해서 그렇게 했어야 했지만), 그 믿음의 고백의 법칙들이 작동하기까지는 그만큼 어려운 상황을 겪어내야 할 것입니다.

필자는 매일매일 하루도 거르지 않고 기도 시간에 고백하고 선포하면서부터 그동안 헝클어지고 묶여 있던 제 영육 간의 모든 환경이 서서히 긍정적으로 변하기 시작했습니다. 말의 능력, 말의 위대함을 체험한 것입니다. 감사한 일입니다.

"너희 말이 내 귀에 들린 대로 내가 너희에게 행하리니"(민 14:28).

하나님은 우리의 말 가운데 건강하고 잘되는 비밀을 감춰 두셨습니다. 건강하지 않지만 반복해서 "나는 건강하다"고 말했더니, 어느 순간 자연스럽게 건강하게 되는 비결이나 건강한 음식, 건강에 대한 좋은 정보들을 알게 하셨습니다.

식생활을 비롯해서, 크게 돈 들이지 않고 스트레칭으로 할 수 있는 운동법 같은 것 말입니다. 알도록만 하시는 것이 아니라 귀찮아도 지속적으로 할 수 있도록 힘을 주십니다. 성령님이 힘을 주시는 것입니다.

모든 일에는 지속성이 필요합니다. 단회적으로 되는 것은 아무것도 없습니다. 꾸준히 해야 합니다. 뭐든지 꾸준해야 돌파됩니다.

필자는 본래 잇몸이 약해서 잇몸 질환을 잘 앓습니다. 툭하면 치과에 자주 가서 치료를 받습니다. 그런데 아침에 일어나서 이를 가볍게 위아래로 부딪치는, 이름하여 '고치법'(叩齒法)을 하루에 500번 이상 몇 개월 했더니 지금은 잇몸이 얼마나 튼튼한지 모릅니다. 매일매일 쉬지 않고 몇 년째 계속하고 있습니다.

그런가 하면 유전적으로 혈압이 있습니다. 아버님이 혈압으로 돌아가셨습니다. 평상시 혈압이 90에 150이 넘습니다. 한번 혈압 약을 먹으면 평생 먹어야 하기 때문에 먹지 않고 버티려고 기도하면서 무척 애를 많이 썼지만 종종 뒷목이 아프고 힘들어 혈압의 증상이 나타났습니다.

그러던 어느 날 생각지도 않은 어느 지인으로부터 목을 도리도리 해보라는 권유를 받았습니다. 자기도 그렇게 해서 혈압을 고쳤다고 합니다. 그 말을 듣는 순간 성령의 감동이 왔습니다. 그래서 그때부터 매일 하루에 500번씩 하고 있습니다.

그 도리도리로 저는 두 가지 병이 치료됐습니다. 첫째는 목에 디스크가 있어서 얼마나 불편했는지 모릅니다. 그런데 그 증상이 없어졌습니다. 그다음은 혈압이 내려가기 시작하여 지금은 80에 130으로 평균을 유지하고 있습니다. 때로는 그 이하로 약간 내려갈 때가 있지만 정상입니다. 말로 얻은 큰 복 아닙니까?

지속성 이야기를 하다가 갑자기 동떨어진 이야기를 하는 것 같지만 독자들에게 도움이 될 것 같아 음식에 관한 이야기를 하려고 합니다. 소화가 안 되고 위가 거북할 때면 저는 식사할 때 절대로 물을 먹지 않습니다. 물론 국도 안 먹습니다. 물은 식사 2시간 전과 식사 2시간 후에, 다시 말해 식전·후 4시간만 참았다가 미지근하게 해서 마십니다. 물을 마시는 시간에는 물을 얼마든지 마셔도 괜찮습니다. 그러면 얼마나 소화가 잘되고 변도 잘 나오는지 모릅니다. 비만이 있는 사람은 비만도 줄어듭니다. 이 방법은 《밥 따로 물 따로》(이상문 저)에서 필자가 배운 것입니다.

한번은 2005년에 25일 동안의 금식을 하고 난 후였습니다. 25일 금식을 했으면 25일을 보호식을 해야 하는 게 일반적인 상식입니다. 그런데 이 책에 보니까 금식 마지막 날 하루 24시간만 물을 먹지 않고 참으면 보호식을 할 필요가 없이 바로 된밥을 먹고 2시간 후에 물을 먹으면 쉽게 회복된다고 쓰여 있어서 저자에게 전화를 해서 물어봤습니다.

그랬더니 자신이 책임을 질 것이니 걱정 말고 그렇게 하라는 것이 아닌가요? '이 양반이 누구 사람을 잡으려고 하는 것 아닌가?' 하는 의구심이 들었지만 한번 믿어 보기로 하고, 아내에게 된밥을 해놓으라고 하고 내려와서 그 밥을 먹었습니다. 아주 맛있게 한 그릇을 먹고는, 어떻게 됐을까요?

너무도 편안하게 건강을 회복하게 되었습니다. 나중에 같이 금식하시던 목사님이 40일을 하고 내려오신 후 제게 찾아와서 "보호식 하기가 너무 힘든데 목사님은 그때 어땠습니까?"라고 하셨습니다. 그래서 "보시는 것처럼 지금 건강하지 않습니까?" 걱정하지 말고 하루만 위를 비워 놨다가 24시간 후에 된밥을 드시고 2시간 후에 물을 미지근하게 해서 드시라고 가르쳐 드렸더니, 나중에 들으니 그 목사님도 건강하게 힘들이지 않고 보호식을 마쳤다고 합니다.

그 후에 여러 목사님들에게 이 방법을 알려 드렸더니 다 그렇게 쉽게 회복하셨다고 감사의 전화가 오기도 했습니다. 사실 장기 금식은 금식할 때보다 회복 기간에 더 많은 어려움을 겪기도 하지 않나요? 혹 목사님들이나 성도님들 가운데 장기 금식을 하고 보호식을 하시는 분들은 이 방법을 사용하면 힘 들이지 않고 회복할 수 있는 아주 탁월한 방법이 될 것입니다.

왜 제가 이 말을 하는 것일까요? 이유는 "나는 건강하다"라고(건강하지 않을지라도) 반복해서 말하다 보니 뇌가 그 말을 듣고 건강한 유전자를 작동시켰으며, 제 말이 하나님의 귀에 들린 대로 건강할 수밖에 없는 방향으로 하나님께서 제 환경과 삶을 이끌어 가시더라는 말입니다.

자살하는 사람들을 봅시다. 그들은 입으로 날마다 "죽겠다, 못살겠다"를 반복합니다. 그리고는 그가 말한 대로 죽습니다.

실패한 사람들을 봅시다. 그들은 날마다 "안 된다, 어렵다, 가난하다, 힘들다, 미치겠다"를 입에 달고 삽니다. 그러니 안 되는 것입니다. 이것이 말의 능력입니다.

앞에서 말씀드렸는데, 광주 '하가다' 교육으로 대안학교를 운영하는 '향기교회'가 있습니다. 성도들이 그리 많지 않은데 몇 년 전에 수백억이 넘는 7층 건물을 지어 입당을 했습니다. 지하 500평에는 학생들 체육관까지 잘 준비되어 있습니다.

세미나에 가서 담임목사님을 만나 교제하는 시간에 하도 궁금하기에 물어보았습니다. "목사님, 교회를 짓는 것도 기적이지만 운영하는 비용은 또 어떻게 하십니까?" 하고….

그런데 그 목사님의 입에서 생각하지도 못한 말이 튀어나왔습니다. "저는 모릅니다. 전적으로 주님이 하셨습니다. 다만 제가 하는 것은 '안 된다', '못한다'는 부정적인 말을 하지 않는 것뿐입니다."

애초에 교회를 지을 때 예산을 확보하고 시작한 것이 아닌, 오직 믿음으로 하나님만 의지하고 한 일이기에 건축을 담당하는 제직들에게 두 가지 부탁을 드렸다고 합니다.

그 부탁은 **"첫째는 없다고 말하지 마라, 둘째는 안 된다고 말하지 마라, 그러면 주님이 하실 것"**이라는 특별 주문이었답니다.

마치 여호수아 6장에 이스라엘 백성이 여리고 성을 돌 때의 상황이 생각나서 더 이상 묻지 못하고 입을 다물고 말았습니다. 그 여운이 지금도 저를 깨우는 촉매제가 됩니다.
예수님은 심판 날에도 우리가 한 말로 의롭다 함을 받고 정죄함을 받는다고 하셨습니다.

"내가 너희에게 이르노니 사람이 무슨 무익한 말을 하든지 심판 날에 이에 대하여 심문을 받으리니 네 말로 의롭다 함을 받고 네 말로 정죄함을 받으리라"(마 12:36-37).

"인내를 온전히 이루라 이는 너희로 온전하고 구비하여 조금도 부족함이 없게 하려 함이라"(약 1:4).

말했다고 해서 금방 말대로 이루어지지 않을 수도 있습니다. 말이 현실로 이루어질 때까지는 인내가 필요합니다. 인내할 때 부족함 없는 복이 주어진다는 말입니다.

"그러므로 형제들아 주의 강림하시기까지 길이 참으라 보라 농부가 땅에서 나는 귀한 열매를 바라고 길이 참아 이른 비와 늦은 비를 기다리나니"(약 5:7).

농부가 이른 비, 늦은 비를 기다리는 것처럼 참고 인내해야 뭐가 돌파되어도 된다는 뜻입니다.

10) 도루묵 이야기

조선 14대 선조(宣祖) 시절이었습니다. 임진왜란이 일어나자 선조 임금은 피란을 가게 되었습니다. 피란 떠날 때 먹을 것을 충분히 가지고 간 것도 아니고, 피란지에 맛있는 음식이 있는 것도 아니어서 임금이라도 초라한 수라상을 받을 수밖에 없었습니다.

이 딱한 소리를 듣고 한 어부가 동네 앞바다에서 잡은 '묵'이라는 물고기를 임금께 바쳤습니다. 선조 임금은 이 물고기를 아주 맛있게 먹고 그 이름을 물어보았습니다. '묵'이라고 답하자 그 이름이 좋지 않다며 즉석에서 '은어'(銀魚)라는 근사한 이름을 하사했습니다.

환궁한 뒤 피란지에서 맛보았던 '은어'가 생각나서 다시 먹어 보았더니 옛날의 그 감칠맛이 아니었습니다. 그래서 선조 임금은 "에이, 도로(다시) 묵이라 불러라"고 하였습니다. 이로부터 '도로 묵'이라는 새로운 이름이 생겼고, 이것이 발음상 '도루묵'이 되었습니다.

말의 훈련이 '도루묵'처럼 무산되어서는 안 될 것입니다. 힘들다고 포기하면 다시 썩어져 가는 구습을 쫓는 옛사람이 되고 맙니다. 결론적으로 '도루묵'이 되는 것이지요.

물이 끓는 임계점은 100도입니다. 100도가 안 되면 절대로 끓지 않습니다. 99.99도까지 온도가 올라가 물이 뜨거울지라도 끓어오르지는 않습니다. 99.99도에서 손을 데일 수도, 화상을 입을 수도 있습니다. 하지만 물이 끓는 온도는 정확하게 100도입니다. 이것이 공식이고 원칙이며 진리입니다. 이 원칙과 진리는 바꿀 수도, 바뀌지도 않습니다.

그런데 물을 끓이겠다고 하는 사람이 100도가 되기 전 80~90도 정도의 온도에서 불을 꺼버리면 어떻게 되겠습니까? 이런 일을 계속해서 거듭거듭 반복하고 있다면 그 사람은 평생 물을 끓이겠다고 수고는 하고 있는데, 정작 물이 보글보글 끓는 임계 현상은 보지 못할 것입니다.

"전진하기로 마음을 먹었으면 전진 기어만 넣어라! 후진하면 낭떠러지를 만난다."

대장장이가 쇠를 달구어 도구를 만들려면 벌겋게 쇠가 달아올랐을 때 두드려서 만들어야지, 식은 다음에 두드려 봐야 헛수고만 할 뿐입니다. 식혔다, 달궜다 반복하고 있다면 그 쇠붙이로는 아무것도 만들 수 없는 것처럼 말도 긍정의 말, 부정의 말을 섞어서 반복하고 있다면 그 사람에게서는 좋은 날을 기대하기가 어렵습니다.

"그러므로 생명을 사랑하고 좋은 날 보기를 원하는 자는 혀를 금하여 악한 말을 그치며 그 입술로 궤휼을 말하지 말고"(벧전 3:10).

좋은 날 보기를 원하면 혀를 금하여 악한 말을 하지 말라고 성경은 교훈하고 있습니다.

■ **감사는 깨달은 사람의 몫이다.**

내가 만난 문제가 무엇인지, 내 인생은 왜 이렇게 좋은 날보다는 힘들고 고단한 일이 더 많은지 깨달아 아는 지혜가 열리시기를 소망해 봅니다.

언젠가 1,800개의 체인점을 가진 '본죽'의 대표인 최복이 회장의 간증을 들은 적이 있습니다. 그녀는 '본죽'을 경영하기 전 다른 사업을 크게 하다가 실패한 후, 좌절과 실의 가운데 우울증을 앓으면서 신경과 약을 복용하며 겨우 하루하루 힘들게 지탱하면서 더 이상 생활할 수 없는 상황에서 수없이 자살 충동을 느꼈다고 합니다.

사느냐 죽느냐의 생존 경쟁, 처절하리만큼 절박한 그때 "하나님, 언제까지입니까? 제 인생 이대로 끝나는 것입니까?" 하고 하나님께 부르짖어 기도하는 가운데 하나님으로부터 받은 말씀이 있는데, 그것은 곧 "너는 너무 입이 거칠다. 너무 독기 있는 말을 함부로 하고 부정적인 말을 많이 한다", "오늘의 너의 실패는 네가 입으로 심었던 부정적인 말의 결과다"라고 하시더랍니다.

그러면서 **"그들에게 이르기를 여호와의 말씀에 나의 삶을 가리켜 맹세하노라 너희 말이 내 귀에 들린 대로 내가 너희에게 행하리니"**(민 14:28), **"죽고 사는 것이 혀의 권세에 달렸나니 혀를 쓰기 좋아하는 자는 그 열매를 먹으리라"**(잠 18:21)는 말씀을 주셨답니다.

그때부터 최복이 대표는 이를 악물고 자신의 부정적인 말버릇을 긍정적인 말로 바꾸기 위해 말씀을 읽고 쓰고 기도하면서 훈련한 결과 조금씩, 조금씩 말의 체질이 변하여 지금은 긍정적인 말을 하는 사람으로 바뀌었고, 그 결과 오늘의 '본죽'이 있도록 하나님이 복을 주셨다고 합니다.

결국은 광야를 돌고 돌아 연단되고 훈련된 사람이 된다는 것은 이런 것과 같습니다.

야곱의 생애를 보면, 훈련되고 연단되기 전에는 자신의 유익과 욕망을 위해서라면 무슨 말이든지 할 수 있었습니다. 장자의 명분을 갈취하기 위해서는 팥죽 한 그릇을 주면서 형을 속이는 말을 할 수 있었고, 아버지 이삭에게 나아가 자신의 신분을 속이고 에서라고 거짓으로 말하며 축복기도를 받기도 했습니다(조금은 민감한 사안이기 때문에 부연설명을 하려고 합니다. 어떤 이들은 말하기를, 야곱의 장자권을 하나님이 인정하셨기 때문에 장자가 되기 위해서는 형을 속이고 아버지를 속여서라도 그렇게 해야 한다고 합니다. 어딘가 좀 모순되지 않습니까? 하나님이 야곱을 장자로 세우셨다면 야곱이 그런 수단과 방법을 동원하지 않으면 장자가 될 수 없을까요? 그건 아닙니다. 목적이 선하면 수단도 방법도 선한 것이 하나님의 방법이라고 필자는 생각합니다. 하나님이 계획하셨다면 하나님이 어떻게 하시든 인간적인 방법이 아니라 하나님의 방법으로 반드시 야곱을 장자가 되게 하실 것입니다. 따라서 이 책은 구속사를 논하자고 쓰는 것이 아니라 말에 대하여 기술하고 있는 책이기에 이해하여 주시고, 오해가 없었으면 합니다).

그 결과로 엄청난 대가를 지불하는 아픔을 겪지 않았습니까? 하지만 훈련되고 난 후 그의 입에서 나오는 말을 유의하여 보면 알 수 있습니다.

이제는 자신의 욕구에만 집착하는 속 좁은 사람이 아니라 오히려 남을 축복하는 사람으로 바뀌어 있는 모습을 볼 수 있습니다. 바로 왕을 축복하고 요셉의 두 아들을 축복할 뿐만 아니라, 그의 열두 아들을 정확하게 말로 축복하는 복의 사람이 되었습니다.

이것이 "그 말이 곧 그 사람이다"라는 뜻입니다. 그가 하는 말을 들어 보면 '그 사람이 얼마나 연단되고 훈련된 사람인가'를 알 수 있습니다.

그래서 거칠고 부정적인 말을 하면 그 인생이 거친 광야 같을 것이고, 훈련되고 통제되어 부드럽고 긍정적이고 좋은 말을 하면 그 인생이 행복하고 아름다운 인생이 된다는 것입니다.

백범 김구 선생이 이런 멋진 말을 했습니다. "거칠게 말할수록 거칠어지고, 음란하게 말할수록 음란해지며, 사납게 말할수록 사나워진다." 결국 모든 것이 나로부터 시작되는 것입니다.

왕 같은 말을 하면 왕처럼 살 것이요, 거지 같은 말을 하면 거지 같은 인생이 될 것입니다. 왜냐하면 말이 곧 인생을 만들기 때문입니다. 참 일리가 있는 말입니다.

8.

말을 통해 받는 성경의 비밀

- 말에는 건설하는 힘과 파괴하는 힘이 있습니다.
- 말은 사람에게 소망을 주기도 하고, 절망을 주기도 합니다.
- 말은 하나님과 사람과 사람 사이를 화목하게도 하고 원수 되게도 합니다.
- 말로 나라가 건설되기도 하고, 말로 나라가 무너지기도 합니다.

1) 하나님의 축복!

이것은 우리 크리스천에게 있어서 최대 관심사 중 하나입니다. 하나님은 우리를 축복하길 원하시며, 우리는 하나님의 축복으로 살아가는 사람이기 때문입니다.

아브라함의 축복은 어떻게 이루어졌나요? 야곱의 축복은 어떻게 이루어졌나요? 모세는 어떻게 축복하였나요? 예수님은 어떻게 축복하셨나요? 하나님은 어떻게 축복하시나요? 성경 속의 축복의 비밀을 발견하면 환희와 감격에 휩싸일 것입니다.

당신의 말을 통해 얼마나 크고 놀라운 하나님의 축복이 이루어지는가를 알게 될 것이며, 또한 우리의 말을 통해 수많은 사람들이 축복을 누리게 될 것입니다. 당신은 축복의 사람입니다.

"말 잘해서 뺨 맞는 법 없다", "말 한 마디에 천 냥 빚을 갚는다"라는 속담이 있습니다. 말의 중요성을 나타내는 말입니다.

성경에서도 **"경우에 합당한 말은 아로새긴 은쟁반에 금사과니라"** (잠 25:11)라고 말하고 있습니다. 말은 우리 인생에 아주 중요한 것입니다.

멕시코 어느 마을에 온천과 냉천이 나란히 있습니다. 한쪽에서는 부글부글 끓는 온천이 솟아나고, 그 옆에서는 차가운 냉천이 솟아납니다. 그 동네 아낙네들은 온천에서 빨래를 삶고 냉천에서 헹굽니다.

그러나 그곳 사람들은 이런 좋은 조건을 주신 하나님께 감사하기보다 불평이 더 많다고 합니다. 이유는 빨래하는 데 꼭 필요한 비누가 나오지 않기 때문이랍니다.

감사할 줄 모르는 것은 큰 고질병이고, 하나님께 죄를 짓는 것입니다. 감사는 축복의 열쇠입니다. 감사할 때 닫힌 하늘 문이 열리고, 감사할 때 묶인 문제가 풀리며, 감사할 때 치유와 회복이 일어나며, 감사할 때 기적이 일어납니다. 그래서 감사는 행복으로 들어가는 출입문과 같습니다.

축복의 말을 많이 하면 복된 말의 에너지가 파장을 일으켜 내가 복을 받는 것입니다. 반대로 남을 비방하고 헐뜯고 넘어뜨리며 낙심하게 하는 악한 말, 불평의 말을 많이 하면 그 말이 내게 덫이 되어 영혼이 병들게 되고, 결국 육신도 내가 만든 올무에 걸려 넘어지게 됩니다. 그래서 말은 덫과 같습니다.

훈련되지 않은 거친 언어들 때문에 우리는 가정과 교회에서 많은 불행을 경험하고 있습니다. 하지만 정제된 멋진 말을 하게 되면 행복을 찾고, 기적을 체험하고, 자녀들이 변하고, 가정이 변하고, 몸과 마음의 병들이 치유되고, 축복이 임합니다.

기분 좋고 포근한 축복의 말, 이것은 인간만이 누리는 하나님의 선물입니다. 멋진 말을 함으로써 하나님의 큰 축복의 통로가 되어야 할 것입니다.

말 한마디로 세우기도 하고, 넘어뜨리기도 합니다. 짓기도 하고, 부서뜨리기도 합니다. 사람들이 던진 말 때문에 위로와 소망을 찾는가 하면, 상처받고 아파하기도 합니다. 경우에 따라선 한마디 말에 성패와 흥망이 걸려 있기도 합니다.

생각 없이 던진 돌이 개구리를 죽입니다. 말은 위력이 있습니다. 임종 전 열두 아들에게 나눠 준 야곱의 유언이 오랜 세월을 지나는 동안 그네들의 삶 속에서 그대로 성취된 예를 보면 말의 힘을 가늠할 수 있습니다.

주의 형제 야고보는 "만일 말에 실수가 없는 자면 온전한 사람이라"고 말한 바 있습니다. 말은 인간을 만들고 삶을 만드는 가장 강력한 영향력입니다.

한 입에서 어찌 단 물과 쓴 물이 동시에 나올 수 있는가, 이것은 그야말로 말도 안 되는 소리입니다. 단 샘에서는 단 물을, 쓴 샘에서는 쓴 물을 낼 수밖에 없는 것이 원칙입니다.

오늘날 그리스도인의 가정과 교회가 말의 상처로 인해 아파하는 안타까운 현실을 보고 있습니다. 말은 절망에 빠져 있는 개인과 가정, 사회와 교회를 치유하고 새롭게 하는 희망의 처방이 될 것입니다.

말이 과거뿐만 아니라 현재와 미래, 인생의 성공과 실패, 축복과 저주를 규정하고 좌우할 수 있다는 사실을 알게 될 때 우리는 두려움과 동시에 큰 기대를 갖게 됩니다. 말은 천국을 열고 닫는 열쇠이며, 하늘과 땅을 묶기도 하고 풀기도 하는 권세가 있습니다.

사도행전 16장을 보면 바울과 실라의 찬양과 감사의 말이 옥 터를 움직이고, 묶여 있는 쇠고랑을 끊어 버렸습니다. 여러분의 풀리지 않고 묶여 있는 문제는 어떤 것인가요?

돈, 명예, 권력, 자녀, 부부, 부모의 문제입니까? 아니면 신앙생활의 어떤 숙제들입니까? 한번 시도해 보지 않겠습니까? 하나님이 약속하시며 보장하시지 않겠습니까?

"그들에게 이르기를 여호와의 말씀에 나의 삶을 가리켜 맹세하노라 너희 말이 내 귀에 들린 대로 내가 너희에게 행하리니"(민 14:28).

"하나님은 인생이 아니시니 식언치 않으시고 인자가 아니시니 후회가 없으시도다 어찌 그 말씀하신 바를 행치 않으시며 하신 말씀을 실행치 않으시랴"(민 23:19).

우리의 말에 얼마나 큰 권세와 능력이 있는지 일깨워 주며 성경이 말하는 축복의 원리를 구체적, 실제적으로 깨닫게 함으로 복을 주시는 하나님의 비밀을 알았습니다. 책을 마무리하면서 제가 사용하고 있으며 또 다른 사람에게 소개하는 가장 좋은 인사말 한 가지를 선물로 드리고 싶습니다.

나가는 말

"갈수록 잘될 것입니다."

여러분이 이 인사말을 사용하게 되면 어제보다는 오늘이, 오늘보다는 내일이, 내일보다는 그다음이 가면 갈수록 잘될 것입니다.

사실 "갈수록 잘된다"는 말을 하면서부터 저도 모르게 뭔가가 서서히 잘되는 방향으로 움직이기 시작함을 감지했습니다. 자동차로 말하면 전진 기어가 작동되어 앞으로 나아가는 것을 느끼게 되었습니다. 그렇게 몸부림쳐도 안 되던 일들이 하나하나 풀리기 시작했습니다. 서서히 제 삶의 어둠이 물러가고 빛이 임하는 것을 깨달아 알게 되었습니다.

저는 어려서부터 책을 손에서 놓지 않는 습관이 있었습니다. 개인적으로 공부를 제때에 하지 못한 한이 있기 때문에 그랬는지도 모릅니다. 그래서 졸필이지만 글을 쓰기 시작해서 모아 놓은 습작들이 있는데, 언젠가 때가 되면 한 권의 책으로 내보고 싶은 작은 꿈도 있었습니다.

독일 사람들은 평생 한 권의 책을 쓰는 것이 소원이라고 하는데 그것은 제 현실하고는 거리가 먼 한낱 꿈에 불과했습니다. 제 형편에는 불가능하다고 생각했기 때문입니다.

그런데 "나는 갈수록 잘된다"는 말을 하면서 늦깎이지만 회갑의 나이에 등단하게 하시고, 생각지도 않게 "시로 듣고 시로 읽는 성경"을 5년 동안 기독교 방송에 낭송하게 하시더니 구약은 2015년에, 신약은 2018년에 책으로 펴내게 하셨습니다.

지금은 그것을 수정·보완해서 다시 합본으로 만들려고 극동방송에도 연재를 하고 있으며, 곧 출간될 예정입니다.

그리고 이번에 또 이렇게 《멋진 인생! 멋진 말!》(Wonderful Life! Wonderful Words!)이라는 책을 쓰게 하셨습니다. 다음에 또 써야 할 책에 대한 자료나 아이디어도 이미 주셨습니다.

자녀들도 갈수록 잘되고 있습니다. 교회도 잘되고 있으며 매사가 갈수록 잘되고 있습니다. 자세한 이야기는 자랑으로 들릴 것 같아 생략하려고 합니다. 하여튼 뭔가 제 예상과는 다르게 늘 넘치도록 일하시는 하나님의 손길을 경험하고 있습니다.

한번은 논산에 있는 어느 '치유센터'에 가서 말에 대한 간증을 하고 내려오는데 여자 집사님 한 분이 제 발을 잡고는 "목사님 그런 말이 어디 있느냐?"고 통곡을 하시는 것이었습니다.

왜 그러시냐고 물었더니 "제가 바로 그 사람이에요, 제가 바로 말을 거칠게 해서 인생이 망가질 데로 망가진 그 사람이에요"라고 하시는 것이었습니다. 그러면서 이제 자기도 죽을 각오로 말 훈련을 하겠노라고 했습니다.

한편으론 '지난날 나처럼 힘든 분을 만났구나' 하는 생각에 안쓰러운 마음이 들기도 했고, 또 한편으론 저 집사님이 입술의 말을 고쳐 고단하고 척박한 환경에서 회복되게 해달라는 기도가 나오기도 했습니다.

"갈수록 잘되실 것입니다."

다시 말해 20대보다는 30대, 30대보다는 40대, 나아가서 50, 60, 70, 80대, 그 이상도….
시편 92편 14절 말씀처럼 **"늙어도 결실하며 진액이 풍족하고 빛이 청청하여"** 갈수록 잘되는 인생이 되어 나이 들어 더 아름답고 행복하며 잘되는 복된 인생이 될 것입니다.

이 책 원고를 마무리할 즈음에 '코로나19'가 전 세계를 강타하여 많은 재산과 생명을 앗아갔습니다. 빨리 이 역병이 떠나가기를 소망하며 함께 나누려고 합니다.

코로나

보이지
않는 것이
보이는 것을
이기고

보이는 세상이

보이지
않는 것 때문에
공포(恐怖)를…

허상(虛像)이
실상(實像)을
넘보았구나

너 사망아!
마스크
손 씻기
사회적 거리두기
생활 속 거리두기
경제(經濟) 등
얼마나
많은 이들의
삶의 질(質)을
훼손했으며

너 사망아!
얼마나
많은 생명(生命)을
삼켰니…?

이제 그만

우리 곁에서
떠나라!
네 사명(使命)은
여기까지니

너
삼킨 건
사망이지만
마침내
생명(生命)이
사망(死亡)을 이겼구나
코로나19!

2020년 4월 25일
江岩 임판석 목사

註: 코로나19가 우리에게 주는 교훈이 있습니다. 신앙인들은 삶이 바르지 못할 때 돌이키게 하려고 땅에 역병을 내리시는(대하 7장) 분이 하나님임을 알고 더 하나님의 뜻대로 살기 위해 힘써야 하고, 비신앙인들은 이 세상에 사람의 힘이나 능력으로 해결할 수 없는 불가항력의 보이지 않는 절대자가 있음을 깨닫고 알아 창조주 하나님을 찾는 계기가 되었으면 합니다.

인체의 모든 질병은 혈액이 오염되어 생기는 법입니다. 피만 깨끗하면 인체는 건강하게 되어 있습니다. 피가 더러워짐으로 각종 성인병, 당뇨 고혈압, 심혈관 질환을 비롯하여 현대인들이 가장 무서워하는 암(癌)도 생깁니다.

암(癌)이라는 한자를 풀어보면, 한 사람이 세 사람 몫을 산더미처럼 많이 먹어서 걸린 병이 암입니다. 시도 때도 없이 절제 없이 먹고 많이 먹어서 인체의 피가 탁해져서 각종 병을 가지고 온다는 것입니다.

사실 인체의 모든 장기와 세포는 태어나면서부터 죽을 때까지 쉬지 않고 움직이고 활동합니다. 그런데 위는 음식이 없을 때 쉬어야만 제대로 작동하고 건강하도록 조물주가 만들어 놨습니다.

그런데 그 위장을 쉬지 못하도록 계속 먹어대고 있으니 얼마나 위장이 지치고 힘들어 하겠는가 말입니다. 잘못된 식습관이 질병을 가져오는 것처럼, 잘못된 말 습관이 자신의 삶에 질병을 가져와 거친 인생으로 광야를 맴돌게 하는 것입니다.

그럼 이런 질병을 고치려면 어떻게 하면 될까요? 더러워진 피를 다시 맑게 해주면 됩니다. 그러기 위해서는 음식을 철저하게 절제하고 시간을 조절하면서 먹으면 됩니다.

옛말에 "못 고칠 병이 있는 것이 아니라 못 고칠 습관이 있을 뿐이다"라고 했으며, "밥으로도 못 고치는 병은 약으로도 고칠 수 없다"는 말이 있습니다.

잘못된 식습관과 생활이 육신의 건강을 해치는 것처럼 잘못된 거친 말이 인생을 거칠고 황폐하게 만들어 삶을 힘들게 합니다. 그러면 어떻게 하면 될까요?

간단하지 않은가요? 거친 말을 멋진 말로 바꾸면 됩니다.

"말이 거칠면 인생이 거칠다."
"인생을 바꾸려면 말을 바꾸자."
"말하는 대로 된다."

이는 창조주 하나님이 정하신 일이고, 현대 뇌 과학이 밝혀 낸 사실입니다. 이것은 남녀노유, 빈부귀천, 신·불신, 동·서양을 막론하고 누구에게나 다 통용되는 진리입니다.

만약 세상 모든 사람들이 거친 말에 해당하는 부정적 언어 곧 남을 비판하고 원망·불평하며 상처를 주고 절망하고 낙심케 하는 죽음의 언어를 버리고, 살리는 언어 곧 생명의 언어요, 치유와 회복의 언어이며, 사람들을 행복하게 하고 소망을 주며 위로하고 칭찬하며 격려함으로 세워 주고 감사하는 멋진 말을 한다면, 우리 사는 세상이 얼마나 아름답고 행복한 살맛나는 세상이 되겠습니까? 생각만 해도 가슴이 벅차오릅니다.

필자는 이런 기대감으로 이 책을 집필했습니다. 이 책이 많은 사람들에게 보급되어 정말 행복한 가정, 건강한 사회와 국가가 되었으면 여한이 없겠습니다. 말 때문에 실패하신 분들이 없으면 얼마나 좋을까요…!

그래서 이 책을 한 번 읽고 다 읽었다고 생각하지 말고 책의 내용대로 훈련하다가 잘 안 되면 또 읽어 보고 '말, 어떻게 훈련할 것인가?'의 10가지 훈련 지침을 다시 찾아보고 문제점을 찾아서 될 때까지 읽고 또 읽어 열 번 읽어서 안 되면 스무 번, 그래도 안 되면 기도하면서 더 철저하게 배우고 훈련해 보시기 바랍니다.

우리 인생을 힘들게 하고 망가지게 한 '옛 자아'가 고착화되어 있기에 그렇게 쉽게 자신의 자리를 내어 주지 않을 것입니다. 농부가 가뭄에 비를 기다리듯이 인내심을 가지고 '옛 자아' 그놈과 싸워 이긴 자가 되기를 바랍니다.

반드시 좋은 결과를 가져와 때가 되면 하나님이 우리에게 말을 통해 축복의 진수성찬을 차려 주실 준비가 되어 있다는 사실을 알게 될 때, 큰 행복과 보람을 느낄 것입니다.

말을 통해 축복을 만드는 법을 깨닫고 배우고 훈련될 때 하나님이 주시는 식탁에서 잔이 넘치는 풍성함을 누리게 될 것입니다. 곧 내 삶의 척박한 환경이 옥토로 변하는 것을 눈으로 직접 목도하게 된다는 말이지요.

성경을 깨달아질 때까지 읽고 또 읽어야 비로소 내 것이 되듯이 반복 훈련의 필요함을 염두에 두고 시작하시기 바랍니다. 천재는 반복으로 태어난다는 말이 있지 않나요….

혀의 권세와 말의 능력을 하나님께서 성경을 통해 이미 계시하셨고, 이제는 현대 뇌 과학이 이 사실을 증명해 주고 있으니 얼마나 감사한 일인가 모르겠습니다.

남태평양 한가운데 위치한 작은 섬에는 독특한 벌목이 오랜 전통으로 전해 내려옵니다. 그곳 사람들은 나무를 벨 때 도끼나 톱 같은 연장을 전혀 사용하지 않는다고 합니다. 커다란 아름드리 나무를 벨 때에도 그저 맨손으로 덤벼듭니다. 그들의 독특한 벌목 방법은 대강 이렇습니다.

먼저 나무를 베기 전에 마을 사람들이 순번을 정합니다. 하루에 한 명씩 담당자를 정하면 순서를 맡은 사람이 동 틀 무렵 나무 꼭대기에 올라가서 최대한 큰 목소리로 "너는 죽는다", "너는 필요 없어" 등 나무가 들어서 스트레스를 받을 만한 말로 고함을 지르고 내려옵니다. 그렇게 하루에 한 번씩 나무에 올라가 소리를 지르고 내려오는 것이 그들 나름대로의 벌목법입니다.

이런 기괴한 행동을 한 달 정도 계속하고 나면 아무리 큰 나무라도 힘없이 쓰러지고 만다고 합니다. 밤새 산소를 만드느라 지쳐 있다가 새벽이 되어 조금 쉴 만하면 사람들이 올라와서 아침마다 소리(말)를 지르는 통에 나무가 심한 상처를 받아서 쓰러진다는 것입니다. 믿기지 않는 사실입니다. 어떻게 연장을 전혀 사용하지 않아도 그 큰 거목이 쓰러진단 말인가요…?

바로 말이 가진 파워(power)이고, 말이 가진 능력이 아닌가요!

《당신의 말 속에 성공이 들어 있다》는 책의 저자 **찰스 캡스**도 하나님의 말씀을 긍정적으로 고백하고 선포하면 하나님이 천지를 말씀으로 창조하실 때와 같은 창조의 역사가 일어난다고 말했습니다.

이처럼 사람의 말은 길든 짧든 엄청난 위력을 갖고 있습니다. 성경에도 혀는 아무런 뼈도 갖고 있지 않지만 양날 가진 날카로운 검보다 더 위험해서 수많은 사람을 다치게 할 수도 있고, 살리기도 한다고 기록되어 있습니다.

성경에 기록된 혀(입술), 곧 말에 대한 교훈이 너무 많기에 일일이 다 소개할 수 없을 정도입니다.

특별히 솔로몬이 쓴 지혜서인 잠언에 가장 많으며, 그다음 다윗의 시편이고, 욥기를 비롯하여 이사야, 예레미야, 에스겔 등 신·구약성경의 여러 곳에서 말의 소중함을 셀 수 없을 정도로 많이 기록해 놓았습니다.

긍정의 말을 하든지 부정의 말을 하든지 그 말을 뇌가 듣고 즉시 유전자를 작동시킨다는 사실과 하나님이 들으시고 그 말을 들으신 대로 시행하시며, 부정의 말은 파괴자 사탄이 듣고 인생을 파괴시킨다는 엄연한 사실을 다시 한 번 기억하시기를 바랍니다.

《멋진 인생! 멋진 말!》(Wonderful Life! Wonderful Words!)

이 책을 읽은 독자 여러분에게 하나님의 은혜가 있어 좋은 씨앗(말)을 많이 심어 풍성한 열매를 거둠으로 광야의 삶을 접고, 이 땅 가운데서도 하나님의 얼굴이요 왕 같은 제사장으로 살 뿐만 아니라, 주님 다시 오실 날이 가까운 이때 신부로 단장하고 주님 맞을 준비를 하며 하나님의 구속사를 이루어 드리는 복음의 통로가 되시기를 소망합니다.

먼저 이 책을 쓰도록 인도해 주신 하나님의 은혜에 감사합니다.
졸저에 서슴지 않고 추천사를 써주신 예심선교회 대표 김기남 목사님, 양촌 힐링센터&크리스찬치유영성연구원 김종주 원장님, 요한영성센터의 대표이시며 말에 대한 책을 시리즈로 출간하신 박필 교수님, 특별히 《흥하는 말씨 망하는 말투》의 저자이신 이상헌 선생님, 생체식과 믿음의 말로 환자를 치료하시는 하나통합의원 전홍준 박사님, 그리고 책이 나오도록 기도해 주시고 성원해 주신 안디옥교회 성도님들께도 감사를 드립니다.
또한 항상 제 곁에서 격려와 기도를 아끼지 않은 사랑하는 아내와 가족들, 책을 펴내 주신 쿰란출판사 이형규 장로님과 직원분들께도 심심한 감사를 드립니다. 마지막으로 교정과 편집을 감수한 사랑하는 아들 임덕충 전도사와 서예림 전도사에게도, 그리고 이 책을 영어로 번역하여 출간하려는 미국에 거주하는 사랑하는 조카 종심이에게도 감사를 드립니다.

(팁 1) 입에서 나오는 대로 말하지 말라!
　　　체로 거르듯 곱게 말해도 불량률은 생기게 마련이다.

(팁 2) 말이 씨앗이다. 좋은 종자를 골라서 심어라!

"네 입의 말로 네가 얽혔으며 네 입의 말로 인하여 잡히게 되었느니라"(잠 6:2).

"너희가 즐겨 순종하면 땅의 아름다운 소산을 먹을 것이요"(사 1:19).

"축복(祝福)은 순종(順從)의 강(江)으로 흐른다."

샬롬! 행복하세요!
갈수록 잘 될 것입니다!
"멋진 인생! 멋진 말!"(Wonderful Life! Wonderful Words!)

"나는 갈수록 잘 된다!"(시 92:14)
"나는 건강하다!"(출 15:26)
"나는 행복하다!"(신 33:29)
"나는 물 댄 동산, 마르지 않는 샘이다!"(사 58:11)

江岩 임판석

Wonderful Life! Wonderful Words!
멋진 인생 멋진 말

1판 1쇄 발행 _ 2020년 9월 15일
1판 3쇄 발행 _ 2020년 10월 5일

지은이 _ 임판석
펴낸이 _ 이형규
펴낸곳 _ 쿰란출판사

주소 _ 서울특별시 종로구 이화장길 6
편집부 _ 745-1007, 745-1301~2, 747-1212, 743-1300
영업부 _ 747-1004, FAX 745-8490
본사평생전화번호 _ 0502-756-1004
홈페이지 _ http://www.qumran.co.kr
E-mail _ qrbooks@daum.net / qrbooks@gmail.com
한글인터넷주소 _ 쿰란, 쿰란출판사
페이스북 _ www.facebook.com/qumranpeople
인스타그램 _ www.instagram.com/qrbooks
등록 _ 제1-670호(1988.2.27)
책임교열 _ 최찬미·박은아

ⓒ 임판석 2020 ISBN 979-11-6143-434-6 03230

책값은 뒤표지에 있습니다.
이 출판물은 저작권법에 의해 보호를 받는 저작물이므로 무단 복제할 수 없습니다.
파본(破本)은 구입처에서 교환해 드립니다.